昭和40年代以降に廃止・転換された路線を網羅！

国鉄・JRの廃線アルバム

【近畿編】

牧野和人

北条線の終点がある加西市は昭和40年代に入って、加古川市、姫路市への通勤圏という性格を帯びるようになった。北条線
には朝夕の時間帯に、北条町と加古川との間を直通運転する列車が、僅かながら設定されていた。
◎北条町　1981（昭和56）年4月23日　撮影：荒川好夫（RGG）

Contents

北条線の大部分が通る加西市は、総人口4万人超を抱え、文化、福祉施設等が充実している。緑に包まれた稜線の上に、市立加西病院の大規模な建物がそびえ、列車を見おろしていた。
◎北条町〜播磨横田　1981（昭和56）年4月23日　撮影：荒川好夫（RGG）

片町線（京橋～片町）（1952年）

建設省地理調査所発行「1/10,000地形図」

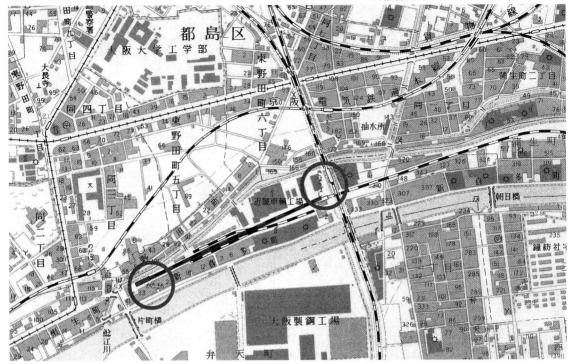

鯰江川の畔近くにあった片町線の終点片町駅。京阪本線の野田橋駅とは交差点を挟んで対峙する位置関係だった。駅の東側には鉄道車両の製造を手掛ける、近畿車輛の工場があった。現在、同社工場は同じ片町線内の徳庵駅近くにある。

舞鶴線（東舞鶴～中舞鶴）（1956年）

建設省地理調査所発行「1/25,000地形図」

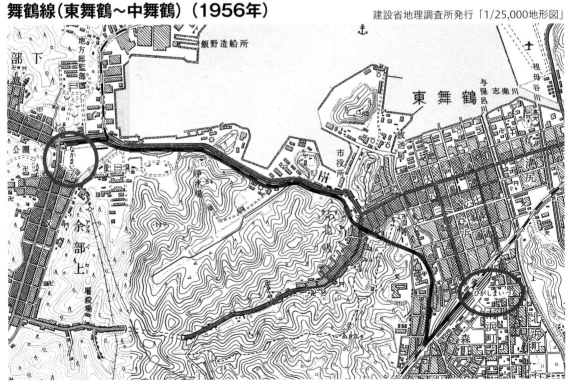

東舞鶴から湾岸部へ出て海上自衛隊の施設がある、湾港部西側へ延びていた舞鶴支線（中舞鶴線）。終点、中舞鶴の手前には、線路の北側に建つ造船所へ向かって専用線が延びていた。終点付近には明治から昭和初期の海軍軍人で、舞鶴鎮守府初代司令長官であった東郷平八郎の旧邸宅が現在も建つ。

和歌山線（田井ノ瀬〜紀和）（1967年）

建設省国土地理院発行「1/50,000地形図」

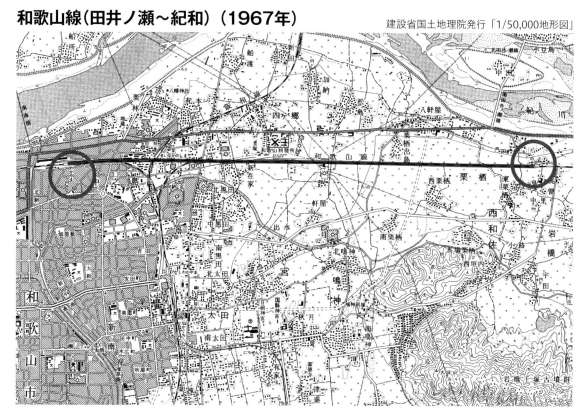

和歌山市市街地の東部で、デルタ線が形成されていた紀伊中ノ島駅周辺。左手に記載されている「わかやま」駅は現在の紀和駅だ。阪和線は和歌山線を跨いで、紀勢本線に合流する。その先に現在の和歌山駅（当時は東和歌山駅）がある。

篠山線（1957年）

建設省地理調査所発行「1/200,000地形図」

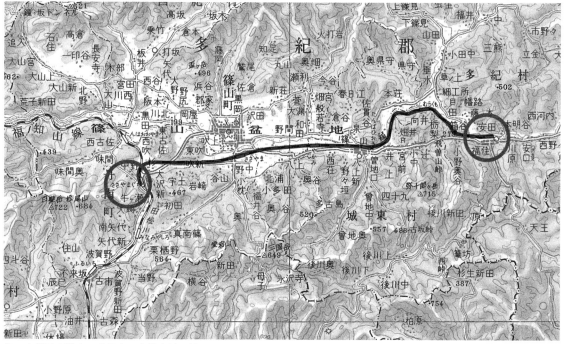

第二次世界大戦中に建設された篠山線。篠山口〜園部間の路線として計画されたが、篠山口から建設された路線は、東方へ17.6km進んだ福住が暫定の終点となった。建設途中で終戦を迎え、路線は延伸されなかった。しかし、福住から園部へ向かう途中には、兵庫県と京都府の境界付近に急峻な天引峠が立ちはだかり、難工事が予想されていた。

三木線、北条線、鍛冶屋線（1959年）

建設省地理調査所発行「1/200,000地形図」

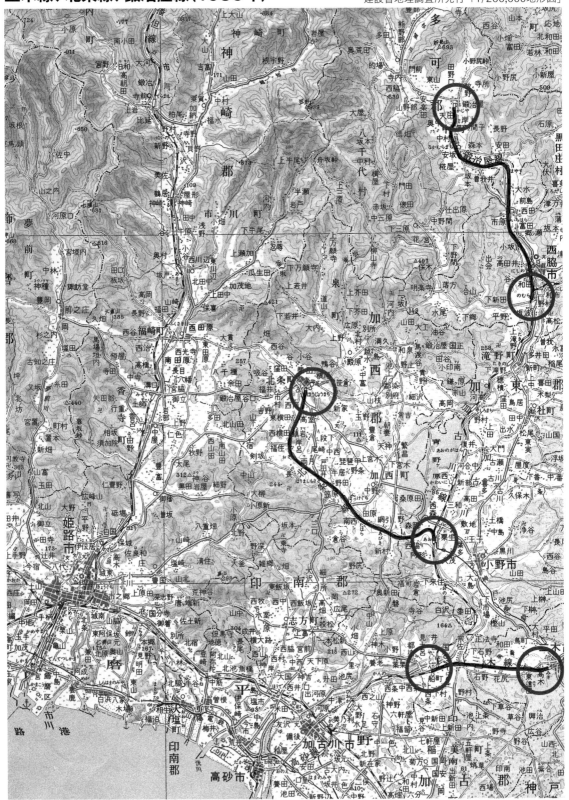

加古川線を背骨として、東西方向へ離れた町へ支線が延びていた。三木、北条、鍛冶屋3路線の終点は、いずれも紡績業等で栄えた市街地になっており、近代産業の創成期に、そこへ鉄道が建設された意義を窺い知ることができる。

高砂線（1950年）

建設省地理調査所発行「1/50,000地形図」

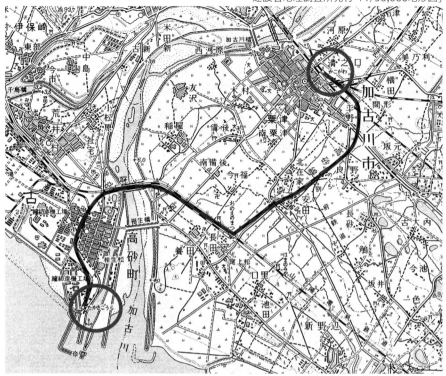

山陽本線の加古川駅から、埠頭がある加古川の河口付近まで延びていた高砂線。1950（昭和25）地図表記では終点高砂港駅が、播州鉄道開業時の駅名であった「たかさごうら」のまま残っている。高砂港からスイッチバックする形状で、近隣工場へ専用線が延びる。

建設省国土地理院発行「1/50,000地形図」

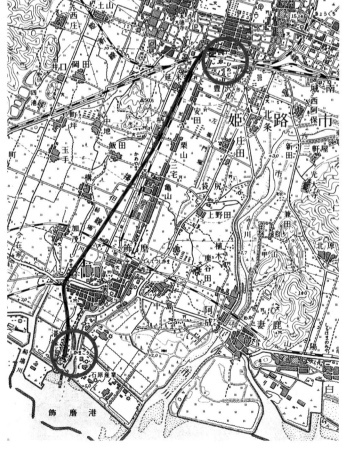

播但線（姫路〜飾磨港）（1960年）

播但線の末端区間に当たる姫路〜飾磨間では、大部分を山陽電鉄本線と並行していた。しかし、両路線の飾磨駅は、山陽電鉄が市街地の北側、国鉄が西側に置かれていた。電鉄飾磨（現・飾磨）駅から網干へ向かう網干線が国鉄駅の北側を跨いでいた。

福知山線（塚口〜尼崎港）（1968年）

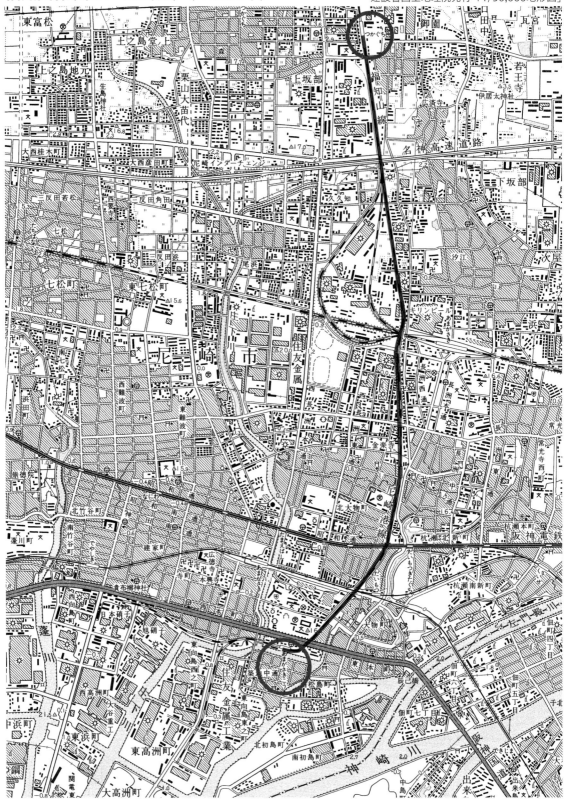

建設省国土地理院発行「1/50,000地形図」

構内の北側に阪神高速道路の高架橋が続く1968（昭和43）年当時の尼崎港駅周辺。地図上の路線表記は、尼崎港線になっている。駅の西側、南側には住友金属工業特殊管事業所等、周辺の工場へ2本の専用線が延びていた。

信楽線（1954年）

建設省地理調査所発行「1/50,000地形図」

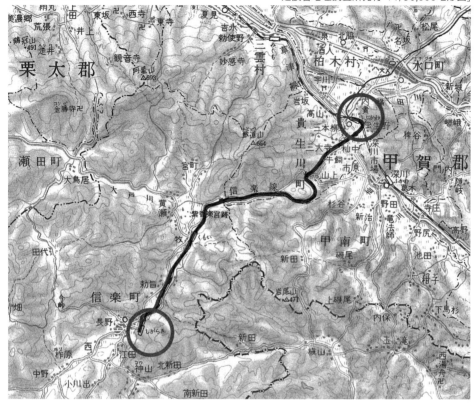

雲井周辺で複雑に入り組む川筋に沿って建設された信楽線。杣川の畔に開けた起点貴生川は、草津線と近江鉄道が出会う地域の交通拠点だ。終点信楽との高低差は思いの外大きく、雲井に向かって33‰の急勾配区間がある。

福知山線旧線区間（生瀬～道場）（1966年）

建設省国土地理院発行「1/50,000地形図」

武庫川の渓谷沿いに線路が続いていた、宝塚市郊外の福知山線。武田尾駅は瀬渡山麓の深い谷間にある。駅周辺には僅かな民家が建つばかりで、普段は閑散としていた。しかし、行楽期には渓谷を散策する観光客で賑わう。旧線部分は現在、遊歩道として整備されている。

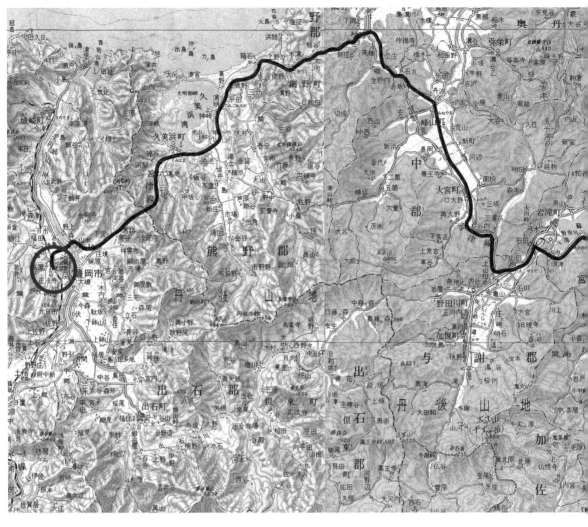

山陰本線旧線区間
(嵯峨～馬堀：現・嵯峨野観光鉄道)
(1992年)

新線開業後の保津峡駅界隈。川沿いに蛇行する旧線に対して、新線はトンネルを潜って直線的な線形を描く。新線の保津峡駅下りホームからは、川へ落ち込む急峻な山肌へ、へばりつくように敷かれた旧線を見ることができる。

宮津線（1957年）

舞鶴から西へ向かい、豊岡を目指す宮津線。地図上で俯瞰すると、海岸線を走る区間に奥丹後半島が割って入り、路線の中央部が山間区間となっている様子が分かる。丹後山田駅から南に向かって、加悦町まで加悦鉄道が延びていた。

建設省国土地理院発行「1/50,000地形図」

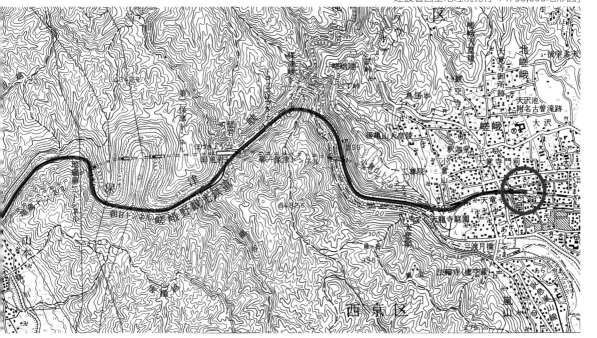

まえがき

　明治から大正期にかけて、日本における鉄道の創成期には、すでに広大な路線網を広げつつあった近畿圏の鉄道。東海道本線や山陽本線のような幹線は旅客、貨物輸送を担う動脈として発展を遂げた。その一方で沿線需要の減退や、隣接する他路線の台頭で、姿を消した路線は多い。

　また、鉄道土木技術の向上に伴い、長大トンネルや橋梁を駆使して、よりも安全な高速運行を可能にした新線が近年になって建設された。その影で風光明媚な眺めが車窓に展開した、従来区間は廃止の運命を辿った。

　無くなった風景は戻らないけれど、廃止された路線、区間には、いずれもそこに線路があった訳、時代背景が介在していた。そして今日まで残る僅かな遺構は、もはや風化しつつある日々を、無言のうちに語り掛けてくる。本書に掲載された廃止路線の在りし日の姿を通じて、素朴ではあったが人の元気な息遣いを、今よりも熱く感じ取ることができた、昭和を振り返っていただきたい。

2021（令和３）年10月　牧野和人

1章
カラーフィルムで記録された
国鉄・JRの廃止路線

明治期に尼崎と伊丹を結ぶ川辺馬車鉄道の起点として尼崎停車場の名称で開業した尼崎港駅。国有化された後、当時の神崎駅に尼崎の名を譲り、尼崎港駅になった。◎尼崎港　1973（昭和48）年12月5日　撮影：安田就視

片町線（京橋〜片町）

京橋駅ホーム脇まで延びた片町駅の電留線に並んだ72系の2編成。いずれも窓周りにシル・ヘッダーを備えた半鋼製車体車両だが、正面窓は向かって右側の車両が木製であるのに対して、左側の車両はHゴム支持となっているなど、細部の仕様が異なる。◎京橋から撮影した片町駅構内（南電留1・2番線）　1973（昭和48）年10月20日　撮影：荒川好夫（RGG）

終点片町で顔を揃えたオレンジバーミリオン色の通勤型電車。右端の103系は正面窓の下に銀色の帯をあしらった高運転台車両だ。片町線には昭和50年代後半に入って103系が入線し、民営化後も活躍した。
◎片町　1986（昭和61）年8月16日　撮影：森嶋孝司（RGG）

土佐堀通が寝屋川の畔へ出る、片町橋の北詰め付近にあった片町駅。鉄筋コンクリート二階建ての駅舎は、東西線の建設工事が本格化した1991（平成3）年に駅の廃止に先駆けて、行き止まり式のホームと共に取り壊された。
◎片町　1986（昭和61）年8月16日　撮影：森嶋孝司（RGG）

かじやせん
鍛冶屋線

国鉄の民営化を機に、各地域や路線で独自の
塗装を施した車両が現れた。加古川線系統の
一般形気動車は朱色5号の一色塗りから、青
緑1号(エメラルドグリーン)の地に白線を巻
いたいで立ちに塗り替えられた。
◎西脇　1989(平成元)年8月26日
撮影：荒川好夫(RGG)

木々に被われた小山の麓には、小さな神
社が祀られていた。その傍らを３両編成
のキハ20形が足早に駆け抜けた。低い初
冬の日差しが、先頭車の赤ら顔を優しく
照らし出す。
◎西脇〜市原
1981（昭和56）年12月15日
撮影：安田就視

電気式気動車として誕生したキハ44000形は、昭和30年代初期にキハ09形に改称され、直後に液体式気動車化された。さらに郵便荷物合造車へ改造されてキハユニ15と改番した。所属は加古川気動車区で、加古川線等の運用に就いた。
◎市原～羽安　1980（昭和55）年9月　撮影：安田就視

鍛冶屋線の沿線には、撚糸、機織り等の小規模な工場が点在していた。また加古川、姫路等への通勤圏でもあり、多層階の団地が田園地帯の中に建っていた。◎羽安〜市原　1981（昭和56）年4月　撮影：荒川好夫（RGG）

棒線構造の小駅には古びた木造駅舎が建っていた。たわんだレールの上を走って来る気動車との取り合せは、昭和末期の地方路線を象徴する光景だった。羽安駅は播州鉄道が、停留場として大正期に開業した。
◎羽安　1981（昭和56）年4月　撮影：荒川好夫（RGG）

キハ10形等、従来の気動車よりも大型の車体を載せて登場したキハ20形は、大量に製造されて非電化地方路線に広く普及した。側面にスタンディング・ウインドウ（バス窓）を備える車両は100両余り製造の初期形車だ。
◎中村町～曽我井
1981（昭和56）年4月17日
撮影：安田就視

1983（昭和58）年に新系列の一般形車両として登場したキハ37形。5両が製造され、そのうちの2両が加古川気動車区配置となり、加古川線系統の路線や高砂線で運用された。
◎中村町〜曽我井
1987（昭和62）年7月
撮影：安田就視

小学校の遠足か社会科見学だろうか。ホームの端では子ども達を撮影する男性がカメラを構えていた。駅前には鉄道の廃止反対を訴える黄色い幟が立ち並び、物々しい様子になっていた。◎中村町　1981（昭和56）年4月17日　撮影：安田就視

開けた山間部を縫って走る兵庫県中部の路線には雑多な種類の気動車が運転されていた。キハ23形は近郊型の範疇に入る車両運転台仕様の気動車。暖地用の0番台車は、1966（昭和41）年から1969（昭和44）年にかけて33両が製造された。
◎鍛冶屋〜中村町　1987（昭和62）年7月　撮影：安田就視

鍛冶屋駅があった中町（現・多可町）は播州織で栄えた地域の拠点である。瀬戸内側にある市町との行き来が盛んで、加古川～鍛冶屋間の直通列車が、1～2時間に1往復の頻度で運転されていた。
◎鍛冶屋　1981（昭和56）年4月　撮影：荒川好夫（RGG）

ホーム１面１線と機回し線を備えていた鍛冶屋駅。線路沿いにサクラの木が植えられ、例年４月には、瀬戸内側よりも少し
遅い春の到来を告げていた。◎鍛冶屋　1981（昭和56）年４月17日　撮影：安田就視

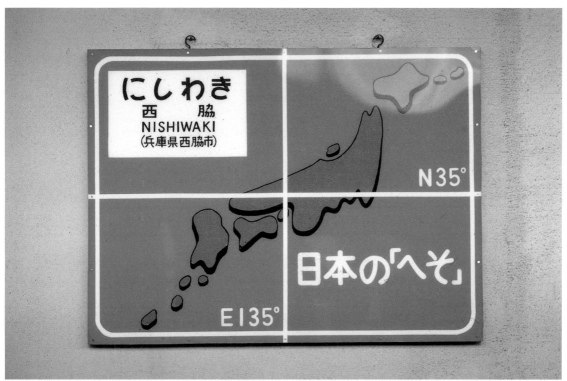

鍛冶屋線沿線で主要都市の一つであった西脇市内には、東経135度、北緯35度の交差点がある。経線は日本標準時の基準で
もあり、同市は「日本のへそ」と称された。駅には「へそ」を宣伝する看板が掛かっていた。
◎西脇　1982（昭和57）年10月25日　撮影：森嶋孝司（RGG）

兵庫県多可郡中町（現・多可町）の中心地にあった鍛冶屋駅。開業時に建てられた木造駅舎が、路線の廃止まで使用された。
寄棟屋根が被さる矍鑠（かくしゃく）とした風貌の建物は、鍛冶屋線記念館として今も健在だ。
◎鍛冶屋　1973（昭和48）年12月5日　撮影：安田就視

たかさごせん

高砂線

野口駅で別府鉄道野口線と連絡した。1面2線のホームを挟んで、双方の列車が発着していた。駅の鶴林寺方では僅かに線路が並行する区間があり、列車が行き違う様子を見られることもあった。
◎野口～鶴林寺　1981（昭和56）年4月23日　撮影：荒川好夫（RGG）

無煙化後の貨物輸送にはDD13が使用された。旅客列車の終点は高砂駅だったが、貨物列車はさらに海側へ1.7km進んだ高砂港駅まで入線した。
◎野口〜鶴林寺
1983（昭和58）年10月28日
撮影：安田就視

高砂駅の周辺には三菱製紙、鐘紡等の大規模な工場があり、加古川の堤防から全貌を望むことができた。川を渡って来た加古川行きの列車は行先表示が空白で、路線の終焉が決まった寂しさを漂わせていた。
◎高砂北口〜尾上　1981（昭和56）年4月23日　撮影：荒川好夫（RGG）

旅客列車の運転本数は多くなかった高砂線だったが、朝夕は主に沿線工場の通勤客が利用した。短編成の列車が多かったもののキハ30形やキハ35形等、三扉車の通勤型気動車が充当されていた。
◎高砂北口〜尾上　1981（昭和56）年12月15日　撮影：安田就視

加古川をＣ11が逆機で渡って行った。この加古川橋梁を含む尾上〜高砂北口は山陽電気鉄道本線が沿うように敷かれている。
高砂線では1972（昭和47）年３月まで、蒸気機関車が貨物列車を牽引していた。
◎高砂北口〜尾上　1972（昭和47）年１月27日　撮影：安田就視

高砂駅の先には廃止された国鉄高砂工場があり、検査等で入出場する車両が機関車に牽引されて高砂線を走った。気動車が
運転台のない連結面側を露わにして最後尾に連結されていた。普段の営業列車では見られない様子だ。
◎高砂北口～尾上　1981（昭和56）年12月15日　撮影：安田就視

高砂駅は貨物の積み出し拠点という性格が強かった。１面１線の旅客ホームには短編成の気動車が停まる。その傍らに二軸
貨車の列が、視界を遮るかの様に留め置かれていた。◎高砂　1973（昭和48）年12月5日　撮影：安田就視

高砂市内の街中にあった高砂北口駅。構内の北側に山陽電車の電鉄高砂（現・高砂）駅がある。かつては駅舎があったものの、1970（昭和45）年の無人化を機に取り壊され、1面1線のホームに小さな上屋が建つばかりの停留場然とした姿になった。
◎高砂北口　1984（昭和59）年11月30日　撮影：高木英二（RGG）

無人化された後の高砂駅舎。大柄な木造二階建ての建物は、主に貨物扱い業務を行う駅員の事務所として使われていた。ホーム側の出札口はパネル板等で閉鎖されていた。◎高砂　1973（昭和48）年12月5日　撮影：安田就視

播但線（姫路〜飾磨港）

駅の周辺は臨海工業地帯。敷島紡績（現・シキボウ）、山陽特殊製鋼や新日本製鐵等の大規模な工場が並んでいた。構内から
見える巨大な煙突は加藤耐火煉瓦と東伸製鋼（JFE条鋼）のものだ。ホームに椅子や待合室はなく、小さな上屋が建つ様は貨
物駅のようだ。◎飾磨港　1981（昭和56）年12月5日　撮影：安田就視

姫路市南部の臨海部、飾磨町（後の飾磨市、現在の姫路市飾磨区）にあった飾磨港駅。播但線の祖となった播但鉄道が、明治期に当駅～姫路間の開業時に飾磨駅として開設された。同時に既存区間と合わせて、路線の起点となった。
◎飾磨港　1981（昭和56）年12月5日　撮影：安田就視

飾磨は「しかま」と読む。明治期に入って紡績や製鉄関連の工場が当地区に集まり、製品等の輸送手段として鉄道が敷設された。また、港は播但線の沿線であった、生野鉱山から産出される銀の積み出し基地になった。
◎飾磨港　1983（昭和58）年6月2日　撮影：森嶋孝司（RGG）

末期の姫路～飾磨港間の列車は朝夕1往復ずつの運転だった。列車番号は飾磨港行きが奇数で、姫路以北を走る播但線の列車とは運用が分離されていた。◎飾磨港～飾磨　1983（昭和58）年6月2日　撮影：森嶋孝司（RGG）

福知山線（塚口〜尼崎港）

貨物輸送が主な業務であった福知山線の支線区間。終点の尼崎港駅構内は、旅客ホームが１面のみの旅客ホームに対して、
多くの側線があった。駅の先には旭硝子や住友金属鋼管等の工場まで、専用線が延びていた。
◎尼崎港　1973（昭和48）年12月5日　撮影：安田就視

2章
カラーフィルムで記録された
国鉄・JRの
第三セクター継承路線、
旧線区間

国鉄三木線の最終日。終点、三木の構内では新製車両ミキ180形が、「祝」と大書きされたヘッドマークを掲げ、明日の「三木鉄道」開業に備えていた。その傍らに惜別のヘッドマークを掲出した、国鉄の定期列車が停車した。
◎三木　1985（昭和60）年3月31日　撮影：森嶋孝司（RGG）

信楽線（現・信楽高原鐵道）

信楽線最後の日に「さよなら列車」が運転された。DE10が客車の前後に付き、旧型客車4両を運転した。貴生川方には民営化に伴い、動態保存車両なった展望車のマイテ49が連結されていた。
◎雲井～貴生川　1987（昭和62）年7月12日　撮影：荒川好夫（RGG）

信楽からの貨物列車は、炭水車を前にした逆機運転だった。雲井から貴生川へ向かって僅かな区間ながら上り勾配があり、機関車の力行する姿が見込まれた。信楽線の蒸気機関車は1973（昭和48）年まで運転された。
◎雲井〜貴生川　1972（昭和47）年9月22日　撮影：安田就視

貴生川から雲井までは10.2kmの道のり。最大33‰の上り勾配が続く。貴生川駅近くの築堤を、C58が僅か3両の貨車を牽引して、黒煙をたなびかせながら上って来た。◎貴生川～雲井　1972（昭和47）年9月22日　撮影：安田就視

キハ35形を急行形気動車が挟んだ3両編成。車窓を楽しむ鉄道旅であれば、いつもの通勤電車に似たロングシートが連なるキハ35形よりも、ボックス席を備えた急行用車両に乗る一択だろう。
◎雲井〜貴生川
1981（昭和56）年1月20日
撮影：安田就視

昭和40年代より、隣接する草津線や関西本線で、優等列車に使用されてきた急行、準急型気動車が、普通列車として入線するようになった。先頭のキハ55形は、側窓にスタンディングウインドウを備えた1次車だ。
◎貴生川～雲井
1980（昭和55）年8月21日
撮影：安田就視

山中から続く高い築堤の下には、茅葺屋根の民家が建っていた。鉄道の開業に沸いた遠い日を彷彿とさせる情景だ。貴生川
へ向かうキハ20形とキハ53形は、それぞれ昭和30年、40年代の製造だ。
◎雲井〜貴生川　1980（昭和55）年1月9日　撮影：安田就視

滝川、隼人川に沿って進む区間は、線路の左右に木々が茂る山越えの路だ。淡い緑が春の装いを奏でる森の中に、明るい表情
を湛える二色塗りの国鉄急行形気動車塗装がひときわ映えた。
◎雲井〜貴生川　1981（昭和56）年4月27日　撮影：荒川好夫（RGG）

石積みの壁面を持つホームと、構内灯が付けられた木製の柱が落ち着いた雰囲気を醸し出す雲井駅。信楽駅と共に、信楽線の開業時に開設された駅だ。当時の駅舎、水回り施設は第三セクター鉄道となった今も健在である。
◎雲井　1981（昭和56）年4月27日　撮影：荒川好夫（RGG）

信楽焼きは日本六古窯の一つに数えられる伝統の陶器だ。店頭に並べられた狸の置物の向うを、キハ35形とキハ58形で編成された普通列車が、ジョイント音を山里にこだまさせて走って行った。
◎勅旨～雲井　1981（昭和56）年8月20日　撮影：安田就視

信楽を出た列車は、大戸川の流れに沿って信楽盆地を北上する。冬枯れの田園に、気動車の機関音だけが北風に乗って鳴り響いた。
◎信楽〜勅旨
1980（昭和55）年1月9日
撮影：安田就視

平日の日中は閑散時間帯。国鉄時代から
少ない利用者数に対応して、列車は単行
で運転していた。途中に勾配区間がある
信楽線には、2機関を備えるキハ53形が
一部の列車に充当されていた。
◎信楽〜勅旨
1980（昭和55）年1月9日
撮影：安田就視

大戸川を渡った列車は国道と離れ、玉桂寺を対岸に望む川沿いを走る。車窓はにわかに山間の雰囲気に包まれた。玉桂寺は、
奈良時代に平城京の離宮として開かれた保良宮の跡に、空海が建立した名刹とされる。
◎信楽～勅旨　1981（昭和56）年4月27日　撮影：荒川好夫（RGG）

第三セクター会社の信楽高原鐵道への転換を二日後に控え、新路線の開業準備が着々と進められていた。終点の信楽駅には
新たな施設が建ち、試運転を繰り返して来た、真新しい小型気動車が佇んでいた。
◎信楽　1987（昭和62）年7月11日　撮影：荒川好夫（RGG）

信楽焼きの窯が多く点在する信楽町市街地の東端部に建つ信楽駅。駅舎の傍らに狸の置物が立ち、窯元巡りの観光を宣伝していた。また、駅前は奈良、石山方面等へ向かう国鉄バスが発着する停留場でもあった。
◎信楽　1980（昭和55）年1月9日　撮影：安田就視

宮津線（現・京都丹後鉄道）

丹後神崎駅は、由良川河口付近の東岸に置かれた小駅。舞鶴鎮守府槇山砲台跡が残る槇山（483m）の西側にたたずむ駅の周辺は静寂に包まれているが、朝夕には舞鶴市の市街地へ向かう利用客で、つかの間の賑わいを見せていた。
◎丹後神崎　1982（昭和57）年2月13日　撮影：荒川好夫（RGG）

斜面に雪が残る槇山（483m）を背景にして、朱色5号塗装の一般形気動車が由良川を渡って行った。川幅は500m以上あり、20m級車の4両編成が小さく見えた。◎丹後由良〜丹後神崎　1982（昭和57）年2月13日　撮影：荒川好夫（RGG）

ゆったりとした流れを湛える、由良川の河口付近を渡る３両編成の急行形気動車。急行「丹後」「丹波」の一部は、宮津線内を普通列車として運転していた。◎丹後神崎～丹後由良　1983（昭和58）年10月16日　撮影：荒川好夫（RGG）

線路が海岸線をなぞる奈具海岸。霧が立ち込める中にキハ82系の特急「あさしお」がやって来た。前から2両目はグリーン車のキロ80形だ。◎丹後由良～栗田　1980（昭和55）年9月10日　撮影：安田就視

民営化後もJR西日本へ継承された宮津線だったが、後に第三セクター会社の北近畿タンゴ鉄道に移管された。JR路線の最終日には、普通列車に惜別のヘッドマークを掲げた他、蒸気機関車牽引の臨時列車も運転した。
◎天橋立〜宮津　1990（平成2）年3月31日　撮影：松本正敏（RGG）

国鉄時代の天橋立駅舎。当時から日本三景の一つに数えられる天橋立観光の最寄り駅として賑わった。また、駅の周辺にある海水浴場の玄関口として、夏季には多くの臨時列車が当駅まで運転されていた。
◎天橋立　1983（昭和58）年11月16日　撮影：荒川好夫（RGG）

最終日のJR宮津線を行く北近畿タンゴ鉄道所属のKTR1000形、2000形。キハ28形、58形の改造車で、JR西日本からの譲渡に際し、キハ65形「エーデル」のような外観の改造をはじめ、リクライニングシート化等の車内設備や塗装の変更が行われた。
◎丹後山田〜岩滝口　1990（平成2）年3月31日　撮影：松本正敏（RGG）

京都発着の昼行特急であった「あさしお」。4往復の設定中、城崎との間で運転していた2往復の内、1往復が西舞鶴を経由する運用で舞鶴線、宮津線を走行していた。◎峰山〜網野　1983（昭和58）年10月15日　荒川好夫（RGG）

丹後地域ではナシの栽培が古くから行われている。今日では「京たんご梨(二十世紀ナシ)」という名のブランド品がある。春には宮津線の沿線を白い可憐な花が飾る。
◎丹後木津〜網野
1978 (昭和53) 年4月24日
撮影:安田就視

海辺の路線という印象が強い宮津線だが、岩滝口から網野周辺にかけて線路は内陸部を通り、沿線は山里の風情となる。日本海側の春は遅く、四月半ばに入って桃が満開になっていた。
◎丹後木津～網野
1978（昭和53）年4月24日
撮影：安田就視

豊岡市内を南北に流れる円山川を渡る急
行形気動車。「丹後」「はしだて」等の急
行列車が運転されていた宮津線では、キ
ハ58形等の急行形気動車が、急行仕業の
間合い運用等で普通列車に充当されてい
た。
◎豊岡～但馬三江
1983（昭和58）年10月31日
撮影：安田就視

Ｃ58が旅客列車を牽引して、春爛漫の駅を発車した。蒸気機関車が充当されていた頃の宮津線では概ね、旅客列車をＣ58、貨物列車を9600が担当していた。当路線は1970（昭和45）年9月を以って無煙化された。
◎丹後神野　1969（昭和44）年4月
撮影：荒川好夫（RGG）

北条線（現・北条鉄道）

粟生駅には国鉄路線の他に、神戸電鉄粟生線が乗り入れる。かつては加古川線の列車が発着する、ホームの向かい側に神戸電鉄の乗り場があり、改札を介せずに乗り換えることができた。◎粟生　1981（昭和56）年4月23日　撮影：荒川好夫（RGG）

国鉄路線としての最終日。沿線はアブラナの花に包まれた。キハ20形とキハ30形の3両編成で運転する定期列車は、路線名を大きく記載し、感謝の意を添えたヘッドマークを掲出していた。
◎田原〜法華口　1985（昭和60）年3月31日　撮影：森嶋孝司（RGG）

加古川線の粟生駅構内から北方へ分かれた北条線は、すぐに左手へ大きく曲がり、進路を西へ取る。万願寺川の北岸に広がる田園風景の中を、短い編成の朱色をまとった気動車が走って行った。
◎網引〜粟生　1981（昭和56）年4月17日　撮影：安田就視

駅に隣接して大柄な倉庫が建ち、貨物の取り扱いが盛んに行われていた時代へ想いを馳せさせる。駅前に咲く花は季節を謳い、ホームでは「守ろう！北条線」と記された立て看板が、路線の復権を訴えていた。
◎播磨下里　1982（昭和57）年9月　撮影：安田就視

長（おさ）付近では善防山（251m）、笠松山（244.4m）の麓を進む。降水量が少ないこの地域では灌漑施設が整備されており、沿線には多くの溜池がある。善防山の麓にある、善防池もその一つだ。
◎播磨下里〜長　1980（昭和55）年9月　撮影：安田就視

終点北条町駅構内の終端部を望む。国鉄時代の駅舎はホームに面して建っていた。駅舎の向かい側にあるホームは貨物用で、1974（昭和49）年に貨物扱いが廃止された後、線路は撤去された。
◎北条町　1981（昭和56）年4月17日
撮影：安田就視

白壁の木造駅舎があった北条町。兵庫県下の中核都市の一つである、姫路市に隣接する加西市に建つ。北条地区は門前町、山陽と山陰を結ぶ交通の要所として栄えた市内の中心地だ。◎北条町　1973（昭和48）年12月5日　撮影：安田就視

三木線

加古川からの直通便で三木線に顔を
出したキハ37形。1983（昭和58）年
2月に落成後、2両が加古川気動車
区に配置された。加古川線系統で運
転を始めてから、間もない頃の姿で
ある。
◎厄神　1983（昭和58）年6月1日
撮影：荒川好夫（RGG）

加古川との直通列車が多く設定されてい
た三木線には、キハ30形等の通勤形気動
車が他の国鉄形気動車と共に入線してい
た。いずれも、加古川気動車区所属の車
両だった。
◎国包〜石野
1981（昭和56）年12月15日
撮影：安田就視

国鉄時代の加古川線系統で、主力車両の一つだったキハ20形。3両編成の先頭に立つ74番車は検査出場から間もないのか、
屋根周りを明るい配色に塗られた美しいいで立ちだった。
◎厄神〜国包　1981（昭和56）年4月18日　撮影：安田就視

森影の浅い切り通し区間を普通列車が行く。国鉄線時代の国包と石野の駅間距離は1.6kmだった。三木鉄道に転換後の1986（昭和61）年、同駅間に宗佐、下石野の二駅が開業した。◎石野〜国包　1981（昭和56）年12月15日　撮影：安田就視

昭和50年代末期に廃止された地方交通線で、路線の最期まで付き合うかのように、定期運用へ充当されていたキハ20形。前照灯周りまで朱色5号に塗装された姿は、二色塗り時代の優しい表情とは趣を変えていた。
◎別所〜石野　1981（昭和56）年4月23日　撮影：荒川好夫（RGG）

加古川、美嚢川(みのうがわ)の南岸沿いに延びていた三木線。路線の大部分を占めていた別所町内の沿線には、のどかな田園風景が広がっていた。花曇りの下、黄色い花を咲かせたアブラナが、線路際を飾っていた。
◎石野〜別所
1981（昭和56）年4月16日
撮影：安田就視

三木市街地の西端部に当たる福井地
区にあった三木駅。木造駅舎が路線
の最期まで使用されていた。第三セ
クター化等で路線内の駅が無人化さ
れた後で、三木鉄道時代には、唯一の
有人駅となった。
◎三木　1981（昭和56）年4月16日
撮影：安田就視

三木線の廃止に伴い、定期列車はモー
ル等の装飾を施したヘッドマークを掲出し
て運転。最期の日に使用された車両は、
普段と変わらない、朱色5号一色塗りの
キハ35形やキハ23形等だった。
◎三木　1985（昭和60）年3月31日
撮影：森嶋孝司（RGG）

山陰本線旧線区間
（嵯峨〜馬堀：現・嵯峨野観光鉄道）

保津峡駅はその名の通り、舟下りで知られた保津峡の只中にあった。桂川南岸の狭小地に、列車交換ができる相対式ホーム2面2線が設置されていた。元々は信号場として開業し、後に駅へ昇格した。対岸の道路とは細い吊り橋で連絡していた。通過している列車は急行「丹後」◎保津峡　1977（昭和52）年9月14日　撮影：荒川好夫（RGG）

亀岡市から保津峡を経て京都市嵐山に至る区間で、桂川は保津川の通称で呼ばれることが多い。保津峡駅の近くに架かるトラス橋の名称は「保津川橋りょう」であった。特急「あさしお」が轟音と共に走り去って行く。
◎嵯峨～保津峡　1977（昭和52）年9月14日　撮影：荒川好夫（RGG）

新線への付け替え工事が進む馬堀付近。新線の地蔵トンネルのポータルが眩しく映る。大小6本のトンネルで、桂川に落ち込む山中を貫く一大事業だった。◎保津峡〜馬堀　1987（昭和62）年5月2日　撮影：森嶋孝司（RGG）

嵯峨〜馬堀間の経路変更および複線化に伴い、馬堀駅は1989（平成元）年3月5日から従来の構内より北側に移転した。旧線の駅跡の一部を利用して駐輪場が整備された。新線切替時からしばらくは当駅より亀岡方は単線だった。
◎馬堀　1990（平成2）年3月15日　撮影：森嶋孝司（RGG）

山陰本線の嵯峨〜馬堀間の旧線を利用した、嵯峨野観光鉄道が1991（平成3）年3月より運行を始めた。営業当初は無蓋貨車を改造したトロッコ風車両の4両編成をDE10が牽引した。
◎トロッコ保津峡〜トロッコ嵐山　1991（平成3）年4月14日　撮影：岩堀春夫（RGG）

3章
モノクロフィルムで記録された
国鉄・JRの廃止路線

高砂線で貨物輸送に活躍したディーゼル機関車DD13。600番台車は、重連総括制御運転に対応した車両だ。300番台車等に
用いられた、従来型から改良した台車を履いたため、新たな番台区分の車両となった。
◎野口〜加古川　1982（昭和57）年11月14日　撮影：野口昭雄

片町線（京橋〜片町）

路線DATA

起点：京橋

終点：片町

開業：1895（明治28）年8月22日

廃止：1997（平成9）年3月8日

路線距離：0.5km

新線開業の影で消えた終点駅

　大阪、京都の府境付近に広がる丘陵地を越えて、木津と京橋を結ぶ片町線。かつては現在の終点駅である京橋より、寝屋川に沿って西へ500m進んだ片町地区に片町駅があった。当駅は片町線の四条畷から大阪に至る区間を建設した浪速鉄道が、大阪方の終点駅として路線の開業と同じ、1895（明治28）年8月22日に開設した。浪速鉄道は開業から2年足らずで、近畿圏に鉄道網を展開していた関西鉄道へ路線を譲渡。関西鉄道は京都府方へ鉄路を延伸し、路線譲渡の翌年に四条畷から木津までの区間を開業した。以降、放出〜桜ノ宮間の新線開業や、現在の関西本線に相当する本線の支線区間となっていた新木津〜木津間の営業休止を経て、1907（明治40）年に関西鉄道は国有化された。そして、国有鉄道線路名制定で木津〜桜ノ宮間を桜ノ宮線。放出〜片町間を片町線と定めた。しかし、放出〜桜ノ宮間は1913（大正2）年に廃止され、木津〜片町間が片町線となった。

　大阪の近郊路線として需要が高かった片町線は1932（昭和7）年に四条畷〜片町間が、当時の国有鉄道であった関西の路線では初めて電化された。長きに亘って四条畷を境に非電化区間と電化区間が分かれる状態が続いていたが、国鉄分割民営化後の1989（平成元）年に全線の電化が実現した。それと共に大阪市街地を横断して、京橋と東海道本線等が

乗り入れる尼崎を結ぶ路線が計画された。これが
JR東西線である。新路線の建設に際し、京橋以西は
地下区間として、京橋〜片町間を廃止することが決
まった。JR東西線は1997（平成9）年3月8日に開
業。同日にかつての拠点駅も役目を終えた。JR東西
線の地下区間で京橋方の出入り口付近に、片町駅末
期のホームと線路があった。現在では旧片町駅より

北西方向へ、300mほど離れた位置に大阪城北詰駅
がある。現在、片町線で運転されている列車には、
JR東西線を経由して他路線と直通運転するものが多
い。快速列車の大半は福知山線の塚口、宝塚、新三田、
篠山口まで乗り入れる。普通列車は山陽本線の西明
石までを行き来する運用が基本だ。また朝晩の普通
列車には、福知山線へ向かうものもある。

中央部の扉が占められ、建物の内部がカーテンで
仕切られた駅舎は改装中の模様。片町駅では、最
後までこの施設が駅舎として使われた。この写
真が撮影された昭和40年代と末期では、駅名板
の取り付け位置等が異なる。
◎片町　1967（昭和42）年3月10日
撮影：荻原二郎

行き止まり式のホームに到着した旧型電車を
連ねた編成。先頭は金属製の車体を載せた72
系の920番台車だ。本グループを以って旧性
能電車の製造は終了し、技術は101系をはじめ
とした新性能車両へ受け継がれた。
◎片町　1967（昭和42）年3月10日
撮影：荻原二郎

舞鶴線（東舞鶴～中舞鶴）

路線DATA

起点：東舞鶴

終点：中舞鶴

開業：1919（大正8）年7月21日

廃止：1972（昭和47）年11月1日

路線距離：3.4km

引揚者を出迎えた軍港へ続く支線

　山陰本線綾部から分岐し、かつては日本海軍の舞鶴鎮守府が置かれた港町、舞鶴市内の東舞鶴に至る舞鶴線。明治中期に勃発した日露戦争に対応すべく、輸送路、連絡路の確保が急がれた中で、福知山～綾部～新舞鶴（現・東舞鶴）間が官設鉄道として開業した。同時に新設路線は、以前より大阪～舞鶴間の鉄道建設を目論んでいた私鉄、阪鶴（はんかく）鉄道へ貸与された。阪鶴鉄道は1907（明治40）年に国有化された。また、同年には舞鶴（現・西舞鶴）～舞鶴海岸荷扱所間1.61kmが支線として開業した。そして1909（明治42）年、国有鉄道線路名称制定により、神崎（現・尼崎）～福知山～新舞鶴間、舞鶴～舞鶴海岸荷物扱所間等が阪鶴線となった。さらに1912（明治45）年3月1日に綾部～新舞鶴間と舞鶴～舞鶴海岸荷物扱所間が従来の阪鶴線より離されて舞鶴線となった。同時に神崎～福知山間は、塚口～尼崎港間

と共に福知山線、福知山～綾部間は綾部から福知山向きが下りとなって、山陰本線に編入された。

　山陰本線の支線という性格を帯びるようになった舞鶴線。舞鶴市内を通る舞鶴～新舞鶴間は、白鳥峠を隔てて市街地が東西に分かれていた。軍港設備等の多くは、新舞鶴の北東方に広がる湾港部にあった。軍施設内への鉄道輸送を行うべく、阪鶴線時代の開業当初から新舞鶴より海方に向かう引き込み線が建設された。引き込み線は1919（大正8）年に鉄道院線として開業。同時に東門（後の北吸）、中舞鶴の各駅が開業した。新舞鶴から一旦、西側に進んだ列車は、スイッチバック形状の線路を渡って海方へ進む。途中市街地に張り出した端山の袂をトンネルで潜ると東門駅。国道27号線と並行し、榎川を渡った先に終点の中舞鶴があった。

　戦時体制下では人員、物資輸送の要となり、終戦直後は大陸からの引揚者を輸送する列車が出入りして賑わった中舞鶴線。しかし、戦後の日本が高度経済成長に舵を切る中、並行する国道が整備されて貨物輸送に自動車が台頭する。1968（昭和43）年10月ダイヤ改正時には1日5往復の運転だった。うち、下り列車1本は福知山からの直通便。上り2本は福知山、豊岡へ乗り入れていた。

　もはや使命を終えた鉄路となった感は否めぬ中、1972（昭和47）年に全線廃止となった。

夕刻、終点に到着した気動車は、ホームに長く影を落とした。向かい側のホームに沿って敷かれていた軌条はすでになく、線路跡には大きな砕石が散乱していた。草生した旧ホームの北側に、現在も港湾施設がある。
◎中舞鶴
1963（昭和38）年10月13日
撮影：荻原二郎

東舞鶴～中舞鶴間の区間列車は朝と夕刻の運用。昭和40年代に入ると、列車本数はさらに削減され、午後7時台に中舞鶴から東舞鶴に向う列車を以って、盲腸線の一日は終わりを告げた。
◎東舞鶴
1963（昭和38）年10月13日
撮影：荻原二郎

鉄道と国道27号線の合流点付近にあり、舞鶴市役所の最寄り駅だった北吸駅。路線内で貨物扱いが盛んだった時代には、中舞鶴方に倉庫街へ向かう引き込み線が分岐していた。また、中舞鶴付近には造船所への専用線があった。
◎北吸
1963（昭和38）年10月13日
撮影：荻原二郎

昭和30年代には、ホーム一面一線の棒線構造となっていた中舞鶴駅。無人化から半年以上を経た当時の姿だ。有人駅時代には、構内の南側に駅舎があった。画面右手の広い道路は国道27号。
◎中舞鶴
1963（昭和38）年10月13日
撮影：荻原二郎

和歌山線（田井ノ瀬〜紀和）

路線DATA

起点：田井ノ瀬

終点：紀和

開業：1898（明治31）年5月4日

廃止：1974（昭和49）年10月1日

路線距離：4.5km

変貌した和歌山界隈の線路模様

　奈良県下の王寺町と、和歌山県の県庁所在地和歌山を結ぶ和歌山線。明治中期に開業した長い歴史を持つ路線は、和歌山界隈に廃止区間がある。路線は区間別に大阪鉄道、南和鉄道、紀和鉄道で開業した。終点の和歌山付近の路線は紀和鉄道が受け持ち、1898（明治31）年5月4日に和歌山（現・紀和）〜岩橋（現・田井ノ瀬）〜船戸仮停車場間が開業した。翌年には船戸仮停車場から橋本方へ1km弱の線路が延伸されて船戸駅が開業。同時に仮停車場は廃止された。1900（明治33）年11月25日には同社路線の橋本〜粉河仮停車場が延伸開業し、現在の和歌山線をかたちづくる鉄路が全通した。程なくして路線を建設した三私鉄は、近畿圏の有力な私鉄であった関西鉄道に路線を譲渡した。その関西鉄道も鉄道国有法の施行により、1907（明治40）年に国有化され、1909（明治42）年に制定された国有鉄道線路名称に基づ

き、王寺～和歌山間を和歌山線とした。

　時は昭和の高度経済成長記に移り、田井ノ瀬～東和歌山（現・和歌山）間に貨物支線が建設された。同線の開業後、田井ノ瀬～和歌山間の貨物営業は廃止された。貨物支線は開業当初、和歌山線の別線扱いとして、営業キロは設定されなかった。しかし、団体専用準急であった「南紀観光号」は、東和歌山発の上り列車が同線を経由して運転した。後に他の優等列車でも、貨物線を経由する運用が見られた。本格的な旅客営業に備え、1963（昭和38）年には田井ノ瀬～東和歌山間に4.6kmの営業キロを設定。1964（昭和39）年10月1日のダイヤ改正時に設定された、東和歌山行き1本を皮切りに、普通列車も同区間へ乗り入れを始めた。1968（昭和43）年には実質的なターミナル駅になっていた、東和歌山を和歌山と改称。従来の和歌山駅を紀和駅とした

　そして1972（昭和47）年3月15日。田井ノ瀬～和歌山間を本線に編入した上で旅客営業を開始した。同時に田井ノ瀬～紀和間は支線となり、紀和～国鉄と南海の分界点～和歌山市間は紀勢本線へ編入された。また当日より、全ての定期列車が和歌山発着となった。

　本線としての役目を終えた田井ノ瀬～紀和間は1974（昭和49）年10月1日に廃止された。

阪和電気鉄道と省線和歌山線との乗り換え駅として開業した紀伊中ノ島。開業当初は別々の駅舎であったが、後に現在も使われる和歌山線側の駅舎に統一された。隣の和歌山（後の紀和）駅には客貨車区があり、その客車留置線の一部は紀伊中ノ島まで及び、阪和線の築堤付近まで4本ほどあったようだ。デルタ線の一辺だった和歌山線田井ノ瀬～紀和間は1974（昭和49）年に廃止。現在、和歌山線時代の名残を感じられるのは駅舎と乗り換え駅時代を彷彿とさせる駅構造であろうか。
◎紀伊中ノ島　1987（昭和62）年2月18日
撮影：森嶋孝司（RGG）

篠山線

路線DATA

起点：篠山口

終点：福住

全通：1944（昭和19）年3月21日

廃止：1972（昭和47）年3月1日

路線距離：17.6km

山陽本線の迂回路として計画

　福知山線の篠山口から分岐し、丹波篠山市街地を経て亀岡、綾部両方面から延び、南丹地域を結ぶ道路が交差する、福住に至る国鉄路線だった篠山線。第二次世界大戦下の1944（昭和19）年3月21日に17.6km区間が開業した。当初は福知山線の篠山（現・篠山口）と山陰本線の園部を結ぶ路線として計画された。戦時下での鉄道建設は、山陽本線の迂回路という意味合いがあった。神戸付近等で海沿いを走る

山陽本線が、空爆等の攻撃を受けた場合を想定し、山間部に別の輸送路を確保することが検討された。しかし、福住開業の翌年に終戦を迎えると、路線の有用性は希薄になり、福住〜園部間の建設は中止された。

　また、篠山線の開業に伴い、篠山鉄道が全線廃止になった。篠山鉄道は篠山駅と国鉄駅から離れた位置にある、篠山市街地を結ぶ目的で明治期に建設された。4.9kmの短い路線で、帰軌間は1,067mm。小さなタンク式の蒸気機関車が二軸客車を牽引していた。

　戦後以降、終点付近の沿線人口が少ない、中途半端な路線に終わった篠山線は閑散路線に甘んじた。園部方面への延伸を目論み、篠山町（現・篠山市）の市街地から離れた南丹町（現・篠山市）内に篠山駅を置いたことも不便さに拍車をかけた。1968（昭和43）年には、国鉄諮問委員会が提出した意見書で、鉄道の使命を終え、廃止、バス転換が望ましいとされた「赤字83線」に組み入れられた。沿線住民等の

間で廃止に対する反対の声が上がる中、当時の管轄組織であった福知山鉄道管理局による丁寧な説得が続けられ、1972（昭和47）年3月1日に全線が廃止された。廃止時の運転本数は1日6往復。うち、1往復は休日運休だった。

　なお、当初の計画区間を含む篠山口〜園部間には、戦前より園篠線として国鉄による路線バスが運行されていた。国鉄の分割民営化後、路線は西日本ジェイアールバスに継承された。2002（平成14）年に同社は路線から撤退。しかし、神姫バス（現・神姫グリーンバス）が篠山口〜福住間。京都交通から路線を引き継いだ京阪京都交通が、福住〜園部間で運行を継続している。

僅か2両の二軸貨車を連結した気動車が、起点駅のホームで乗客を待っていた。普段、機関車が入線しない篠山線では、気動車が貨車を牽引する形態の編成を、混合列車として運転していた。
◎篠山口　1961（昭和36）年5年1日
撮影：荻原二郎

篠山線の列車が停車するホームの向かい側に、福知山線の列車が蒸気機関車に牽引されて入って来た。ホームには列車から降ろされた荷物を運ぶ荷車が置かれ、鉄道が輸送手段の主力であった時代を偲ばせる。
◎篠山口　1961（昭和36）年5年1日　撮影：荻原二郎

無蓋貨車を連結したキハ17形がホームに停車していた。普段は機関車が入線しない路線では、工事列車等の牽引に気動車が
充当されることがあった。篠山線では混合列車として運転していた。
◎村雲　1971（昭和46）年10月7日　撮影：荒川好夫（RGG）

軌道上に撒く砕石を載せた貨車は工事列車。駅に留め置く入替え作業中の様子だ。手旗を振る駅員。牽引してきた気動車の
運転士は、車外へ降りようとしている。運転本数が少ない閑散路線で、本線上のレールだけが輝いていた。
◎村雲　1971（昭和46）年10月7日　撮影：荒川好夫（RGG）

丹波篠山の市街地を過ぎると、国道372号としばし並行する。かつて線路があった篠山川の南岸付近には、鉄道の廃止から半世紀以上の歳月を経た現在も、当時と大きく変わりのない長閑な農村風景が広がる。
◎丹波日置～八上　1971（昭和46）年10月7日　撮影：荒川好夫（RGG）

路線内を走るのはキハ17形等の気動車だった。往復運転を指し示すかのように、起点、終点駅の間に両矢印を記載した行先表示板が、車両の中ほどに差し込まれていた。◎篠山口　1961（昭和36）年5月1日　撮影：荻原二郎

町内で地域の主要道路が交差する福住だが、昼間の駅構内は静かな様子。改札口は木製のラッチが一つ設置された、ささやかなものだった。駅の周辺も近くまで森の緑が迫る山里の風情だ。◎福住　1961（昭和36）年5月1日　撮影：荻原二郎

終点の福住駅に入って来た気動車列車。地方路線の終点としては、長いホームを備えていた。末期は1面1線の構内配線で、上屋等の施設が残る旧貨物用ホームは、線路が隠れるほどに草生した状態だった。
◎福住　1971（昭和46）年10月8日
撮影：荒川好夫（RGG）

篠山線の終点福住。駅構内は第二次世界大戦下で急造されたものと推察されるが、ホームの壁面は石が積まれた凝った造りになっていた。一方軌道敷に盛られた砕石はまばらで、閑散線区の悲哀が漂う。
◎福住　1961（昭和36）年5月1日　撮影：荻原二郎

篠山線は当初予定された山陰本線園部駅への延伸が実現することなく、沿線の鉱石輸送のため、戦時中の1944（昭和19）年に篠山口と福住を結ぶ区間のみでの開業となった。写真は廃止時に運転されたキハ17形気動車2両編成のお別れ列車。地元住民や鉄道ファンが見送った。◎篠山　1972（昭和47）年2月29日　撮影：朝日新聞社

『丹南町史』に登場する篠山線

まぼろしの京姫鉄道

　国鉄篠山線は、初めは篠山口と園部を結ぶ目的で計画されていた。もともとこの路線は、阪鶴鉄道と同時に「京姫鉄道」として京都から園部を経て、福住・篠山・真南条・古市・社・姫路を結ぶ鉄道として計画されていながら、立ち消えになっていたいきさつがある。そこで大正時代に入って、福住の山川頼三郎らが運動を起こしてその結果、大正14年第50議会において園篠鉄道が採択され、昭和2年に新線予定調査線に入り、昭和6年から起工と発表されていた。ところが大不景気に見舞われ、内閣の更迭、国家財政の緊縮方針から、折角の期待にもかかわらず、全国の多くの線と同時に削除になってしまったいきさつがある。

　その後再び軍事経済上から篠山〜園部間の鉄道計画が見直され、太平洋戦争の軍需資材である硅石、マンガンなどの開発と輸送を目的とした国策線として、昭和17年に着工された。多紀郡の各村では勤労報国隊を編成して建設工事に協力した。これらの土木作業はすべて人力で、ツルハシを振るい、トロッコを押し、モッコを担いで8月15日から9月30日までの45日間に、動員された人員は延べ1万人にも達した。

　このように戦時中の資材、労力不足の中で、早期の開通を図るために、その路線は篠山町の中心を離れて、篠山駅（篠山口）から吹新の南を通って谷山を経由、北に東篠山駅（篠山駅）、八上上に八上駅、八上新に丹波日置駅、村雲村向井に村雲駅、福住中に福住駅が設置された。そして昭和19年3月21日に開通式を挙げて運転を開始したが、昭和20年8月、敗戦とともに福住〜園部間は工事が中止になってしまった。

　その後もたびたび園部までの延長運動が繰り返され、昭和32年の6月には、国鉄5か年計画の中で予定線に繰り入れられたが、そのころから、国鉄の経営合理化が大きな課題となってきたのである。

篠山線廃止までの道すじ

○昭和33（1958）年11月1日、国鉄は経営合理化の一環として、篠山線を「運輸区」に指定して各駅長を廃止した。これは国鉄の赤字対策として全国的に赤字路線に対して取られた措置であった。

○昭和35年、国鉄は経営効率の悪い全国50の路線について廃止の方向を打ち出した（篠山線は関西の赤字路線の中でトップ）。これに対して郡内では一斉に廃止反対の運動を展開した。

○昭和35年7月6日、兵庫県議会は篠山線廃止反対の決議を満場一致で可決。関係当局に意見書を提出した。

○昭和39年11月、篠山線の運輸区を廃止し、八上以東の4駅を無人化して篠山口駅長の管理とした。

○昭和43（1968）年9月、国鉄諮問委員会は経営合理化のため、全国の赤字ローカル線について廃止するように意見書を出した。その中で篠山線は11番目に挙げられていた。そこで、「篠山線廃止反対同盟」を組織して反対運動を起こした。

○昭和45（1970）年9月21日、福知山鉄道管理局長が来郡し、沿線の各町に対して営業廃止の方針を伝え、協力を要請したが、その方針は、

①昭和46年3月末を目途に廃止したい。

②国鉄バスの運転回数を増やし、便利を図る。

③国鉄バスのスピードアップを図り、列車への接続をよくする。

④実態に即して臨時便の増発を行う。

⑤現在、通勤、通学の定期券所持者にはできる限りの補償をする。

⑥荷物や貨物は篠山口駅の荷物設備を整備して取り扱う。

⑦その他、地域発展のためにできる限りの協力を約束する。

という内容であった。

○昭和45年11月、事態を重視した郡内では、「篠山線廃止反対対策協議会」を結成し、郡民の署名運動を展開するとともに、陳情書を関係当局に発送することを決めた。ところが、篠山線の営業成績は、年々悪化するばかりであった。そのような厳しい現実の中で、廃止反対運動は次第に廃止条件運動に変わっていった。そして、一切の問題を兵庫県に委譲し、県と国鉄との折衝にゆだねることになった。

○昭和46年3月、兵庫県、地元各町長、国鉄の3者によるトップ会談を持って、4月下旬に地元4町から19項目にわたる条件の提示をまとめた。

○昭和46年6月、国鉄は地元の要望条件19項目を中心に、数回にわたるトップ会談を持って最終回答を行った。そこで沿線の各町は、多紀町を除いておおむね同意し、8月21日に多紀町議会も同意の確認をした。

鍛冶屋線

路線DATA

起点：野村	
終点：鍛冶屋	
開業：1913（大正2）年8月10日	
全通：1923（大正12）年5月6日	
廃止：1990（平成2）年4月1日	
路線距離：13.2km	

織物の町を結んだ鉄路

　播州織等の繊維産業で栄えた西脇市と、多可郡中町（現・多可町）を結んでいた鍛冶屋線。西脇駅は杉原川が流れる市内の中心部に置かれ、支線に在りながら加古川線系統の主要駅であった。

　1913（大正2）年8月10日に、播州鉄道が国包（現・厄神）～西脇間を開業。同年10月22日。後に加古川線と鍛冶屋線の分岐駅となった野村（現・西脇市）が開業した。僅か一駅3.1km区間となる西脇～市原間の延伸を経て、1923（大正12）年に鍛冶屋までの全線が開業した。しかし、同年12月に播州鉄道の路線は全て播丹鉄道へ移譲された。

　時代は昭和に移り、第二次世界大戦下で播州鉄道の路線は国有化され、当初の開業区間だった野村～西脇間を含む、野村～鍛冶屋間は鍛冶屋線となった。

　戦後も鍛冶屋、西脇と加古川における人の行き来は多く、鉄道の需要は高かった。沿線の各駅から積み出される原糸や、杉、ヒノキ等の木材の輸送量も多かった。また、同地域は日本酒の醸造に用いる酒米である、山田錦発祥の地とされ、農産物等の鉄道輸送も盛んだった。しかし、昭和40年代に入ると織物産業の低迷や自動車の台頭で、路線の業績は下降した。

　それでも近隣路線よりも高い旅客需要に対応し、

鍛冶屋線の列車は全て、鍛冶屋、西脇と加古川の間を直通運転していた。末期は鍛冶屋、西脇の発着便を合わせて、1時間に1往復程度の運転だった。このような状況下で、特定地方交通線第一次廃止対象には入らなかった。しかし、後に廃止基準が引き上げられ、第三次廃止対象に名が挙がった。国鉄の分割民営化時にJR西日本へ継承される中、沿線自治体等は第三セクター化や野村～西脇間のみの存続等を模索した。しかし、先に第三セクター鉄道へ転換した三木鉄道、北条鉄道が、開業当初より経営難に直面した状況を見据え、全線廃止の上で路線バスに転換する運びとなった。

　1990（平成2）年4月1日に全線が廃止。加古川線の駅となった野村は、市の鉄道玄関口という意味合いを込めて、西脇市と改称した。また、西脇駅の跡地は路線バス等の発着場になった。旧市原駅の跡地には駅舎を再建し、「鍛冶屋線市原駅記念館」が開設された。

西脇市の東端部に置かれた野村駅構内は、本線の側まで草が茂り寂れた様子だった。湘南窓のキハユニ15を先頭にした列車が、鍛冶屋線へ向かって発車した。編成の中間に入ったキハ20が大柄に見える。
◎野村　1961（昭和36）年8月11日　撮影：荻原二郎

加古川線と鍛冶屋線の分岐駅だった野村。鍛冶屋線の廃止と同時に、駅名を西脇市と改称した。現在は西脇市街地へ通じる、
鉄道の最寄り駅である。◎野村　1961（昭和36）年8月11日　撮影：荻原二郎

列車が到着すると結構な数の乗客が降り
てきた。代わって折り返し列車に乗り込
もうとするお客が改札口付近に集まる。
駅舎の中は期せずしてすし詰めの状態と
なった。
◎鍛冶屋　1961（昭和36）年8月11日
撮影：荻原二郎

編成の先頭に連結された郵便荷物車から出された荷物が、ホームに置かれていた。上屋の下につまれた袋類は、列車に積み込まれる郵便物。荷受け主等が出入りできるように、改札口以外の出入口が開かれていた。
◎鍛冶屋　1961（昭和36）年8月11日　撮影：荻原二郎

『加古川市史』に登場する播州鉄道

舞鶴争奪戦

現在のJR加古川線（加古川〜谷川）、三木鉄道（厄神〜三木）、北条鉄道（粟生〜北条町）それにすでに廃止されてしまったJR高砂線（加古川〜高砂）は、いずれもかつて私鉄播州鉄道の路線として建設されたものである。

播州鉄道株式会社が加古川町郡公会堂でその設立総会を開いたのは明治44年5月18日のことであるが、ここに至るまでには鉄道誘致・忌避をめぐる加古川流域のさまざまな事情や明治中・後期の国内経済情勢が複雑に絡んでいた。

この地域に鉄道を建設しようとする動きは明治20年ころまでにさかのぼる。18年ごろ、それまでのインフレが一応の終息をみせるとほぼ時を同じくして一種の「鉄道建設ブーム」がおこった。それは、地域の要求の反映というよりは、都市部の資本家が地方の富裕地主層を巻き込んでおこした一種の投資ブームという性格を色濃くもっていた。明治20年に鉄道局長官が総理大臣に提出した内陳書が、「概ネ近来流行ノ鉄道病二罹リ、宛モ発熱煩悶シテ讒言ヲ吐クモノノ如ク、口頭ノ演述紙上ノ論説ヲ以テ、鉄道ノ布設ハ某計画モ立チ其施工モ亦ナシ得ラルルト妄想スルモノアルニ至レリ」と、その計画のずさんさを厳しく批判しているところにも、当時のブームの一端をかいま見ることができる。もとより鉄道建設事業は国有とするというのが明治政府の基本方針であったので、この時期の諸申請のうち実際に着工段階にいたったものはわずかで、大半はあっけなく却下される運命となった。

この時期の出願会社の一覧表のなかに「南北鉄道」の名がみえる。同社は兵庫県の土井源三郎ほか19名が発起したもので加古川と軍港・舞鶴を結ぼうと計画した。市域における鉄道計画の嚆矢である。しかしながら同じ22年に播丹鉄道（飾磨〜舞鶴）、舞鶴鉄道（大阪〜舞鶴）、摂丹鉄道（尼崎〜舞鶴）、京鶴鉄道（京都〜舞鶴）がほぼ同じような目論見のもとに出願を試みたため、これらはすべて却下の憂き目にあっている。その後、25年に制定された鉄道敷設法には京都〜舞鶴間もしくは土山〜舞鶴間が予定線としてあげられていたが、京都と大阪の熾烈な"舞鶴争奪戦"のなか、土山ルートは翌年2月の会議で22対1という大差で敗退した。このような状況下さらに、大門村（現在の社町）の蓬莱宗兵衛らによって播磨鉄道（明石〜谷川）、高福鉄道（高砂〜福知山）、土鶴鉄道（土山〜舞鶴）など市域に関係する鉄道計画が打ち出されたが、結局いずれも具体化

には至らなかった。

西岸ルートで着工

軽便鉄道法の施行（1910年8月）をうけて播州鉄道株式会社が鉄道敷設法ではなく、より条件の緩やかな軽便鉄道建設の免許申請を出したのは、同年11月のことであった。発起人は、加古川町寺家町三宅利平、氷兵村の吉田喜代松、加古川町の伊藤万次郎ら12名であった。資本金は180万円（1株50円）で、1307人の株主のなかには大西甚一平（700株）、多木三良（670株）の名も見える。起業目論見書によれば、本店は加古川町におき、高砂から加古川沿いに西脇までの路線を本線とし、現在の三木鉄道、北条鉄道にあたる2本の支線と粟津村（加古川町粟津）で本線から分岐して官線加古川駅に至る貨物専用支線（直後に単なる支線に変更）を擁する計画であった。

この申請内容とそれまでの計画とには大きな相違点が2つある。1つは、阪鶴鉄道（現在の福知山線）と連結して播州鉄道を南北横断鉄道の一部とするという夢を、少なくとも具体的な計画策定のレベルでは放棄してしまったことである。このことは、播州鉄道が、加古川水運に代わる純粋な地方輸送鉄道であるとあらためて位置づけなおされたことを意味する。いま1つは、土地買収費などが高くつく加古川東岸ルートをとらず、加古川を出て早い段階で西岸に渡り西脇まで北上するという路線選定である。この決断は、東岸に位置する社、滝野の住民には不便を強いることとなり現在にまで禍根を残す結果となったが、発起人の1人である加東郡河合村の斯波与七郎が土地を提供したこともあって、建設費節減や工期の短縮に貢献するところ大であった。

ほぼ同時期に作成された「播州鉄道企画説明書」は、古来有名な播州米のほか近年活況を呈している機業や染色業などにみるように沿線の物資生産力は非常に高いので「本鉄道ノ開通卜相俟ツテ其産出を盛ナラシメントスルモノアラハ低廉ナル建設資金ヲ以テ企画セル本鉄道ノ前途ハ蓋シ楽観ノ価アルモノト云ヲ憚カラス」と述べている。もちろんこれは関係者むけのPR文章であり、収入見込みの算定に際しては、全国統計をもとに導き出した「1人あたりの乗車度数は年間3回、乗車距離は22マイル」という基礎データを沿線5郡の人口に単純にあてはめてみたり、山陽、播但、阪鶴（現在の福知山線）の関係駅の乗降客の3分の1を吸収するという都合のよい仮定に依拠したりしており、建設費節減を考慮にいれてもなお、かなり楽観的な見通

しのもとに作成されたものといわざるをえない。

　1911（明治44）年秋には第1回株主総会が開かれ、地籍・地質調査も開始された。工事の着手は翌年3月のことであるが、比較的大きな計画変更として記録に残されているのは、国包村における加古川橋梁架橋位置の下流への移動の1件のみである。これは、加古川、美嚢川の合流地点に近く従来から洪水に悩まされていた国包村の住民が内務大臣まで陳情におよんだもので、「水害防止のためかつて川床の官有林すら伐採の許可がでた場所なのに、そこにまた鉄橋を架けるのではこれまでの努力が無駄になる。また西岸では灰ヶ池からの農業用水路を遮断して農業に大きな影響を与える」として対案を示して会社側の善処をせまったものである。陳情は6月1日付で鉄道院総裁の原敬まで移牒された。結局、この陳情は功を奏し、架橋位置は変更されることになる。1912（大正元）年9月16日付の内閣総理大臣あて「路線変更認可申請書」によれば、「其流域ノ調査及関係地方ト協議ノ結果、其架橋点ヲ現設計ヨリ下流ニ移動スルノ必要ヲ認メ」とあり、対案どおりかどうかは即断できないものの、ほぼ住民側の意向にそった変更がなされた。

開通のインパクト

　1913（大正2）年1月30日付「鷺城新聞」は、加古川町から国包の加古川橋梁の手前までがすでに完成し機関車に引かれた工事用車両が運転中であることを伝えている。しかしながら他の線区の進ちょくは思わしくなく、この時点で高砂町から北在家までは、いまだ土地買収中で工事にかかれず、山陽本線をまたぐ跨線橋のみ工事中という状況であった。市域南部での工事の遅れは盛り土による多雨時の周辺の浸水が懸念されたことと加古川尻架橋の技術的な困難性によるもので

ある。このため播州鉄道では、とりあえず加古川〜国包間を先行開業することとし、その期日を4月1日と定め、3月25、26日には鉄道院の監査を受けた。29日には加古、印南の両郡長、警察署長、沿線町村長らを迎えて午後1時から開通試乗会、午後3時からは「芸妓30余」も交えての披露宴が催された。

　開業当初は上下とも7往復で加古川の始発は午前6時、終発が午後7時18分、神野・日岡を経て終点の国包までの所要時間は18分、運賃は日岡まで5銭、神野まで9銭、国包まで13銭であったが評判は非常によく、4月16日付「鷺城新聞」はその盛況ぶりを「…乗客予想外に多く毎日毎列車満員の盛況を呈し荷物の集散亦意外に多く頗る好況にして今加古川駅における本月1日開業以来13日迄の客貨取扱状況を聞くに乗車人員3104人、降車人員3495人…」と伝えている。また24日付の記事では、列車本数が往復各9往復に増強されたこと、従来土山駅と社町を結んでいた東播馬車が国包に乗り入れたことなどを報じており、播州鉄道の開通がかなり大きなインパクトをもったものであったことを想像させる。

　一方、未成線の工事も順調に進み8月には国包〜西脇間、12月には加古川〜高砂口間が完成するが、1914（大正3）年1月には資金難にともない北条支線と三木支線の敷設期限延長申請を提出。6月には約2割の運賃値上げを届けている。同年9月には高砂浦〜西脇間の本線が、翌年3月には北条支線が完成するが、三木支線についてはその後何度か期限延長を申し出、ようやく1916年11月に国包〜別所間の暫定開業にこぎつけている。三木支線が完成するのは1917年3月で、1916年に免許を得た本線の福知山線谷川までの延伸が完成するのは1924年のことになる。

『西脇市史』に登場する播州鉄道

播州鉄道の開通

　さらに、当地域の企業熱の最大の所産は何といっても播州鉄道の開通である。東播軽便鉄道の流産のあとをうけて、明治43（1910）年11月１日、加東郡河合村の斯波与七郎ほか11人が播州鉄道株式会社の創立発起人となり、資本金180万円をもって、高砂町より加古川本流の西部を貫通して西脇村に達する38.9キロメートル間、および途中の印南郡上荘村の内国包村より分岐して美嚢郡三木町に達する４マイル15チェーン（6.7キロメートル）間、また加東郡来住村の内阿形村より分れて加西郡北条町達する８マイル45チェーン（13.8キロメートル）間、さらに加古郡鳩里村の内粟津村より分岐して山陽本線加古川駅に達する1.1キロメートル、合計37マイル45チェーン（60.5キロメートル）間に軽便鉄道（単線蒸気鉄道）の敷設と旅客・貨物運輸の営業を申請した。同月末には新たに印南郡上荘村の大西甚一平ほか３人の発起人が追加され、計50人となった。この申請は、加古川流域の農産物、とくに灘地方へ輸出の酒造米のほか、多可郡を主とし加西郡などにおける機業の盛況、その他、染織工業、養蚕、鉱業、木材・薪炭の産出・運輸に資するためにもくろまれ（「播州鉄道企画説明書」）、かつ、加古川町は海陸交通上の要地であったから、本軽便鉄道の敷設は「交通上多大ノ利便ヲ得、地方開発ニ資スル処不尠」（県知事副申）と認められた。その結果、翌44年１月25日、播州鉄道は免許状の下付を受けたので、ただちに会社創立の準備に取りかかり、５月18日、加古川町公会堂において創立総会を開き、ここに播州鉄道株式会社を設立した。

　同鉄道は同年６月29日、工事施行の認可を申請し、９月７日その認可を受けた。そして本線高砂～西脇間のうち、加古川町～国包間５マイル（8.0キロメートル）は大正２年４月１日、国包～西脇間15マイル59チェーン余（25.3キロメートル）は同年８月10日、高砂口～加古川町間２マイル62チェーン余（4.5キロメートル）は同年12月１日からそれぞれ開業した（『日本国有鉄道百年史』６）。このように本線である高砂～西脇間の一部から順次に工事が竣工したのは、着工後、全線の工事には建設費を相当増額しなければならないことが明らかとなったが、当時の経済状勢では一時に多額の資金を調達することが不可能であったためである。従って本線の残部および北条・三木両支線については敷設期限が２か年延長された。本線の残部、高砂起点から高砂口に至る１マイル69チェーン余（３キロメー

トル）は、翌大正３年９月25日に開業し、これによって高砂浦～西脇間40.6キロメートルが全線開通した。のち、大正４年３月３日から本線粟生から分かれて北条に至る北条支線８マイル47チェーン余（13.9キロメートル）が開業したが、国包～三木間は４マイル29チェーン（7.0キロメートル）用地買収上の都合や、第１次世界大戦にさいして、レール購入の手続などから工事が遅れ、三木支線国包～三木間の全通は大正６年１月23日のことであった。

　これより先、播州鉄道では、本線をさらに国有鉄道福知山線谷川駅まで延長して、丹波の山地と播州とを結ぶ計画をたて、当初、大正５年３月25日、建設資金50万円をもって西脇～谷川間９マイル38チェーン（15.2キロメートル）の延長敷設の申請をし、同年10月７日、その認可を受けた。しかし、その着工と竣工は、当時の社会経済事情と会社の営業状態の悪化のために大幅に遅れ、播州鉄道の事業を継承した播丹鉄道のもとで、大正13年12月27日、野村～谷川間10.8マイル（17.3キロメートル）としてようやく開通するに至った。

　また、播州鉄道は大正６年12月15日、建設資金80万円をもって本線終点西脇駅から杉原谷村に至る延長13マイル16チェーン（21.2キロメートル）の延長支線の敷設免許を申請し、翌７年５月16日その免許状を受けた。この中村支線のうち西脇～市原間3.4キロメートルが大正10年５月９日に、ついで市原～鍛冶屋間8.2キロメートルが同12年５月６日に開業した。鍛冶屋～杉原谷村間については「線路ノ選定方ニ付他方ニ於テ種々ノ希望有之、之等ヲ円満ニ解決センタメ」工事を申請するに至らず、この支線は鍛冶屋止まりとなった（『日本国有鉄道百年史』11）。

播州鉄道の解散

　大正２年４月、加古川～国包間の開業後、しばらくの間、播州鉄道は、旅客・貨物ともに次第にその数量を増加したが、やがて大正３年の前後になると不況になり、とくに米価が著しく下落したため、農家は米の販出をさし控えるようになった。このことは主として酒造米の輸送にあたる播州鉄道の営業成績にも大きな影響を及ぼした。しかし大正５、６年になると、各種の事業が勃興し、播州沿線にも肥料・製紙・紡績・毛織などの工場があいついで設立され、酒造米の輸送とともに、その原料・製品の運送も盛んとなり、大正６～７年は創業以来の新記録といわれる程の増収となった。

この鉄道の乗車運賃は、当初並等1マイル（約1.6キロメートル）の率平均2銭7厘5毛で、特等はその5割増であったが、大正7年6月から並等1マイルを3銭に改めた。会社の資本金は、先に記したようにはじめ180万円であったが、不況に対処するため大正4年10月、108万円に減資し、のち190万円に増資し、さらに6年10月、500万円に増額した（『日本国有鉄道百年史』6。）

このように、第1次世界大戦に伴う好況によって順調な営業成績をあげていたが、大戦後の恐慌に伴う不況で営業不振をきたし、やがて株の無配当が続き、会社は借入金その他の負債の処理に追われて事業を継続することが不可能となった。そこで新会社を設立してこの播州鉄道の事業を経営させることになり、大正12年4月11日、播州鉄道株式会社取締役社長と播丹鉄道株式会社発起人総代との間に、前者の経営に属する一切の権利・物件を後者に譲渡する譲渡覚書を交換し、同年10月22日、地方鉄道譲渡許可申請書を提出して、12月14日その許可を受けた。

これより先、播丹鉄道株式会社は10月24日、資本金600万円、取締役社長酒井栄蔵で会社を設立していたので、12月20日現在で一切の引継ぎを完了した（引継証書作成の日付は21日付）。こうして播州鉄道株式会社は、大正12年12月29日、臨時株主総会を開いたうえで解散した。

播丹鉄道の国有化

さて、昭和18年（1943）年1月の第81回帝国議会において、北海道鉄道株式会社所属鉄道ほか11地方鉄道買収法が成立し、これによって播丹鉄道も政府に買収されることになった。その主要な理由は、（1）山陽・山陰の幹線を短縮するうえに、篠山線の建設とともにその重要性を増し、かつ野村・谷川間が「鉄道敷設法」予定線第83号線の一部に該当すること、（2）播州平野を縦貫し農産物が豊富であり、高砂線沿線が工場地帯化し、高砂港が良港で水陸連絡量も多いこと、（3）とくに沿線に多数の軍事施設および重要軍事工場が建設されており、たとえば陸軍演習場である青野ヶ原（加東・加西両郡にまたがる）に重戦車部隊が新設され、重戦車を輸送するために路線強化を行う必要があること、などであった（『日本国有鉄道百年史』11）。

このようにして播丹鉄道は、姫路・舞鶴間を結ぶ軍事上の重要路線として昭和18年6月1日、買収・国有化され、同鉄道会社は同日をもって解散した。買収区間は高砂浦・谷川間ほか89.9キロメートル、買収価格は14,632,140円（公債交付額15,034,125円）、当時の車輌数は、蒸気機関車12両、客車22両、気動車20両、貨車232両、職員数508人であった。いま鍛冶屋線は赤字路線として廃線が取沙汰されているが、ともかく国有化後約40年その変貌は大きく、わずかに改築されずに残る古い駅舎が、かつての私鉄時代をしのばせるに過ぎない。

なお、このとき播丹鉄道の乗合自動車部の営業権が、神姫バス株式会社に譲渡された。

高砂線

路線DATA

起点：加古川

終点：高砂

開業：1913（大正2）年12月1日

全通：1914（大正3）年9月25日

廃止：1984（昭和59）年12月1日

路線距離：6.3km

終端部に建つ旧国鉄工場

　それまで水運に頼っていた加古川流域の物資輸送を鉄道に転換すべく、加古川と水運の拠点であった高砂を結ぶ路線として建設された高砂線。現在の加古川線等を建設するため、1911（明治44）年に創立された播州鉄道が、加古川町～高砂口間4.67kmを1913（大正2）年12月1日に開業した。翌年には加古川を渡り、高砂口～高砂～高砂浦（後の高砂港）間が延伸開業。さらに1915（大正4）年に起点の加古川町駅が国有鉄道の加古川駅に統合されて、国有鉄道時代にまで至る路線が形成された。

　当初より貨物輸送に主眼を置いていた路線であり、沿線需要が低かった高砂～高砂浦間の旅客列車は1921（大正10）年に廃止された。また、播州鉄道が運営する路線は、同地域で起業した播丹鉄道へ譲渡された。これより昭和期に至るまで、加古川線等と共に播丹鉄道による運営が続いた。しかし、第二次世界大戦下で鉄道の国有化が推進され、1943（昭和18）年6月1日に播丹鉄道が国有化されると、加古川～高砂港間が高砂線となった。同時に加古川～高砂～高砂港間で改キロが実施され、高砂浦は高砂港と改称。当時は野口～尾上間にあった北在家停留場が廃止された。

　戦後まもなく、高砂駅の近くに車両の修繕等を行

う工場が、大阪鉄道局鷹取工機部高砂分工場として発足した。ほどなく高砂工機部として、鷹取工機部より独立した工場は、大阪、天王寺、岡山の各管理局に所属する車両の検査を担当する部署となり、修繕、部品の製造等までを手掛ける大施設に成長した。ところが昭和50年代に入ると、国鉄組織の見直しに伴い、全業務を鷹取工場に移管して施設の閉鎖が決定。同時期には、旅客営業の不振が続く高砂線は特定地方交通線第一次廃止対象に指定され、廃止されることとなった。1984（昭和59）年2月1日に貨物線の高砂～高砂港間が廃止。同年12月1日に加古川～高砂間が廃止され、高砂線は全線が廃止された。

　鉄道の廃止に伴い、代替交通として加古川～鶴林寺～高砂間に路線バスが設定されたが、それも2020（令和2）年に休止した。しかし路面軌道等、都市部での公共交通機関が見直されつつある昨今、LRT（次世代型路面電車システム）等で高砂線を復活させようとする構想がある。

風格ある木造駅舎が建っていた加古川駅前。駅舎出入り口の至近に、自転車を留め置くことができた長閑な時代だ。ロータリー付近で荷物の受け渡し作業を行っているトラックはボンネット型で、丸みの強い昭和中期を象徴する意匠だ。
◎加古川　撮影日不詳　撮影：山田虎雄

木造駅舎時代の尾上駅。昭和30年代には、まだ駅員が配置されていたが、駅舎内に人気はなく、閑散とした様子だ。構内の側を山陽電鉄の築堤が横切っていた。◎尾上　1961（昭和36）年11月28日　撮影：荻原二郎

路線営業の最終日。各駅にヘッドマークを掲出した列車の姿を、撮影しようとする愛好家の姿があった。自転車を押して踏切を渡る近所の女性は、思いがけず出くわした光景に、興味深々の様子だった。
◎鶴林寺　1984（昭和59）年11月30日　撮影：高木英二（RGG）

出入口の戸が取り払われ、駅舎越しに構内が素通しになっていた高砂駅。改札口には小さなラッチが設置されていた。駅前では露天商が、植木鉢等の陶器類を販売しているようだ。◎高砂　1961 (昭和36) 年11月28日　撮影：荻原二郎

昭和30年代までは機械式気動車の活躍が見られた。キハ06形は車体長16m級のガソリン動車の機関をディーゼル機関のDA55型に換装して、気動車化したグループの一形式である。◎高砂　1961 (昭和36) 年11月28日　撮影：荻原二郎

播但線（姫路～飾磨港）

路線DATA

起点：姫路

終点：飾磨港

開業：1895（明治28）年4月17日

廃止：1986（昭和61）年11月1日

路線距離：5.6km

海運と鉄道の接点だった飾磨港駅

瀬戸内海沿岸の主要都市である姫路と、円山川の中流域に開けた、山中の町和田山を結ぶ播但線。1894（明治27）年7月26日に播但鉄道により開業した姫路～寺前間が、最初の開業区間だった。播但鉄道は姫路と銀鉱山があった生野を結ぶ鉄道建設を目的として1893（明治26）年に創立された。姫路～寺前間の開業に伴い、野里、香呂、福崎、甘地、鶴居、寺前の各駅を開設。翌年には寺前～長谷間。飾磨（後の飾磨港）～姫路間、長谷～生野間が開業し、計画当初の路線が全容を現した。さらに路線の延伸は続き、1901（明治34）年8月29日に生野～新井間が開業した。

また、飾磨～姫路間は開業以来、貨物輸送が運営の主体であった。盛況だった貨物列車の運転を確保すべく、姫路の亀山方300mの地点に豆腐町駅を開設し、姫路～豆腐町間の旅客列車を休止した。豆腐町と姫路の間は、徒歩での移動となった。1925（大正14）年に同区間で旅客列車の運転が再開され、豆腐町駅は廃止された。

播磨、但馬地域に鉄道を建設した播但鉄道だったが、1903（明治36）年に大手私鉄の山陽鉄道に全路線を譲渡して解散。山陽鉄道は新井～和田山間を延伸開業するも、1906（明治39）年に国有化された。後に国有鉄道線路名称制定で飾磨～姫路～和田山～城崎間が播但線となった。そして1912（明治45）年に福知山～和田山間、城崎～香住間で鉄道が開業し、福知山～和田山～香住間は山陰本線に編入。飾磨～姫路～和田山間を播但線とした。

昭和30年代以降、姫路～和田山間は特急「はまかぜ」、急行「但馬」が運転を始め、陰陽連絡路線という性格を帯びるようになった。その一方で飾磨港～姫路間では依然として貨物輸送が主体だった。旅客列車は朝晩に一往復ずつが運転されるばかりとなっていた。昭和40年代より貨物の輸送量も自動車の台頭等で減少し、飾磨港線の名で親しまれた区間は、その使命を終えようとしていた。1984（昭和59）年には飾磨港～飾磨間の貨物営業が廃止された。続く1986（昭和61）年11月1日を以って飾磨港～姫路間5.6kmは廃止。同時に播但線全線の貨物列車も廃止された。

飾磨港の跡地には現在、多目的施設の「姫路みなとドーム」が建つ。

山陽本線等の列車が頻繁に発着する姫路駅構内の片隅に飾磨港へ向かう列車のホームがあった。専用の駅名票は草臥れた様子。背景に映る三軸台車を履いた優等客車とは、対照的な姿だった。
◎姫路
1961（昭和36）年7月11日
撮影：荻原二郎

梅雨空の下にあった飾磨港駅。港の方から吹き込む風が、開けた構内に蒸し暑い空気を運んでいた。駅名票の漢字表記は、「磨」の字が、麻垂れのみの略式になっていた。◎飾磨港　1961（昭和36）年7月11日　撮影：荻原二郎

終点飾磨港の旅客ホーム。1面1線の構造で、画面右手のホームに面した線路は、貨車等を留め置くための側線である。旅客列車が発着する線路の向かい側に、側線を隔てて貨物列車用のホームがあった。◎飾磨港　撮影日不詳　撮影：山田虎雄

福知山線（塚口〜尼崎港）

路線DATA

起点：塚口

終点：尼崎港

開業：1891（明治24）年7月24日

廃止：1984（昭和59）年2月1日

路線距離：4.6km

変革の波に飲まれた尼崎港線

大阪府と隣接する兵庫県下の主要都市尼崎と、城下町として栄えた京都府下の福知山を結ぶ福知山線。路線の始まりは、関西地区で初の馬車鉄道を開業した川辺馬車鉄道が1891（明治24）年に開業した尼崎（後の尼崎港）〜長洲間。同年に長洲〜伊丹間が延伸開業した。川辺馬車鉄道は翌年に摂津鉄道と改称し、1893（明治26）年に伊丹〜池田間を開業。合わせて既存区間の改軌等を行い、尼崎〜池田間を762mm軌間の路線とした。軽便鉄道となった摂津鉄道だったが、1897（明治30）年に全路線を阪鶴鉄道（はんかくてつどう）へ譲渡した。

阪鶴鉄道は大阪と舞鶴間の鉄道建設を目論んで1896（明治29）年に創設された。同社は取得した路線を1,067mmに改軌し、北部へ鉄道を延ばした。三田、篠山と県北部の主要な町を通り、1904（明治37）年11月3日に官設鉄道の福知山駅へ乗り入れた。

この間に臨海部の塚口〜長洲間を廃止した。それに伴い長洲〜尼崎間は他の線路と連絡しない孤立路線となり、営業を休止した。しかし、1905（明治38）年に塚口〜長洲間が営業を再開。長洲〜尼崎間も1,067mmへの改軌や、路線改良工事を受け、営業線として復活を遂げた。

阪鶴鉄道は1907（明治40）年に国有化され、国有鉄道線路名称制定により神崎（現・尼崎）〜福知山〜新舞鶴（現・東舞鶴）間、塚口〜尼崎間が阪鶴線となった。さらに1912（明治45）年3月1日に福知山以南の区間が福知山線と改称され、福知山〜綾部間は山陰本線に編入。綾部〜新舞鶴間等は舞鶴線となった。

塚口〜尼崎港間は昭和50年代に入って自動信号の導入等、近代化が図られてきたが貨物の取扱量は減少を続け、1981（昭和56）年4月1日に2往復あった旅客列車が廃止された。末期はDD13が旧型客車1両を牽引していた。そして1984（昭和59）年2月1日、尼崎港線区間は終焉を迎えた。

福知山線の尼崎駅は、東海道本線の尼崎駅の西側約300m付近にあった。東海道本線を跨いだ南側の築堤上に置かれた棒線構造の構内。ホームには駅名票と、簡素な上屋があるばかりである。ホームを囲う柵の一部には、古い枕木が転用されていた。
◎尼崎　撮影日不詳　撮影：山田虎雄

尼崎駅の専用ホーム付近で東海道本線を跨ぐ。丸屋根を持つスハフ32は、昭和10年代にかけて製造された狭窓仕様の旧型客車。戦前には優等列車にも用いられたが、昭和30年代にはすでにその数を減らし始めていた。
◎尼崎　1962（昭和37）年8月13日　撮影：荻原二郎

尼崎～尼崎港間の途中駅は金楽寺。木製の枠にホーロー板が貼られた駅名票へ目をやると、「寺」の中にある「点」が通常と逆を向いていた。一見「寿」にも見える字は、作者の粋な演出だったのだろうか。
◎金楽寺　1962（昭和37）年8月13日　撮影：荻原二郎

尼崎駅の南部地区には小学校から高校まで、いくつもの学校が建ち並ぶ。尼崎港までの鉄路は住宅街、工業地帯の中を通り抜けていた。DD13がけん引する貨物列車が、女子学生達を待たせて踏切をゆっくりと渡る。
◎尼崎〜金楽寺　1976（昭和51）年6月26日　撮影：岩堀春夫（RGG）

昭和30年代の尼崎港駅舎。寄棟屋根の構造物が組み合わされた、コンクリート壁の建物だった。貨物輸送はすでに最盛期を過ぎていたが、駅前は植え込みがつくられ、小綺麗に整備されていた。
◎尼崎港　1962（昭和37）年8月13日　撮影：荻原二郎

駅付近にはまだ高架道路は建設されておらず、雑然とした雰囲気の中にありながら、広々としていた尼崎港駅構内。時折、微風が吹く真夏のホームで、ソテツの葉がザワザワと音を立てていた。
◎尼崎港　1962（昭和37）年8月13日　撮影：荻原二郎

昭和40年代まで川西池田〜尼崎港発着の区間列車が運転されていた。1968（昭和43）年10月のダイヤ改正時に、運転本数がそれまでの一日3往復から2往復へ削減された。◎尼崎港　1962（昭和37）年8月13日　撮影：荻原二郎

客車を率いてホームに佇むDD13は、ブドウ色の旧塗装。前端部は警戒色に塗られ、貨物ヤード等での入替え用運用も受け持つようである。通称・尼崎港線で最後まで客車列車仕業に就いたディーゼル機関車だった。
◎尼崎港　1962（昭和37）年8月13日　撮影：荻原二郎

旭硝子尼崎工場は1909（明治42）年に操業を開始。現在は他地域の工場と統合されて同社の関西工場となっている。写真の下部に写る線路は国鉄福知山線（通称・尼崎港線）の尼崎港駅。通勤と貨物輸送に利用されたが1981（昭和56）年に旅客営業をやめ、1984（昭和59）年に廃止された。◎尼崎港　1952（昭和27）年6月28日　撮影：朝日新聞社

有馬線

路線DATA

起点：三田	
終点：有馬	
開業：1915（大正4）年4月16日	
休止：1943（昭和18）年7月1日	
路線距離：12.2km	

戦中に散った温泉鉄道

　現在、福知山線三田から温泉地として知られる有馬へ続く鉄道は、神戸電鉄の有馬線一つである。しかし、第二次世界大戦前には、同じ目的地へ向かう国鉄路線があった。三田と有馬を結んでいた国有鉄道有馬線だ。路線の始まりは大正期。1914（大正3）年に有馬郡三田町（現・三田市）～有馬郡有馬町（現・神戸市北区）間の鉄道免許状を得て、私鉄の有馬鉄道が設立された。同社は翌年4月16日に三田～有馬間12.23kmを開業。同時に新規路線を鉄道院が借り上げ、国有鉄道と同等の扱いで営業が始まった。1919（大正8）年3月31日には路線が国有化され、有馬軽便線となった。軽便線は後に有馬線と改称した。

　有馬鉄道は既存の路線を手放し解散となった。しかし、同社の関係者等は神戸と有馬温泉、三田を結ぶ新たな鉄道建設を計画し、有馬電気鉄道（現・神戸電鉄）を創立した。1928（昭和3）年3月1日に唐櫃（現・有馬口）～三田間。同年11月28日に湊川～有馬（現・有馬温泉）間を開業。三田～有馬間の運転本数は拮抗するものの、神戸市街地へ直行する列車の利便性で、国有鉄道路線よりも優位に立った。一方、国鉄有馬線は終点の有馬駅が、有馬電気鉄道の駅よりも温泉街から離れた場所にあり、私鉄に客足を奪われる一因になっていた。

　昭和10年代に入り、日本が第二次世界大戦に入ると、温泉地へ向かう鉄道は不要不急路線とされ、私鉄との競合区間が多い国鉄有馬線は1943年（昭和18）年7月1日に営業休止へ追い込まれた。加えて物資不足の中、レールを始めとした鉄道施設は福知山線篠山口と山陰本線園部間を結ぶ路線として計画された、篠山線の建設に充てられた。その篠山線も篠山口～福住間の開業のみで1972（昭和47）年に廃止された。

　休止後、線路を剥がされた路線は再建されることなく今日にまで至る。現在、北六甲台等の住宅地がある丘の西側を神戸電鉄が走っているのに対して、有馬線は丘陵の東麓に敷設されていた。休止から80年近くの時を経て、線路跡等の多くは道路や宅地に姿を変えた。しかし、旧新道場駅近くを流れる有馬川の畔には、橋脚台が遺構として形を留めている。

有馬線の有馬駅前に架かる乙倉橋付近に飾られた「国鉄有馬線開通記念式典」のレリーフ。
◎2010（平成22）年4月7日　撮影：野沢敬次

4章
モノクロフィルムで記録された
国鉄・JRの
第三セクター継承路線、
旧線区間

三木行きの機械式気動車が単行で3番ホームに停車していた。厄神駅は加古川線と三木線の乗り換え駅。ホームの中程に両
路線の時刻表が吊り下げられていた。未だ、国鉄の貨物営業が盛んな時代で、構内の外れに貨車の姿がある。
◎厄神　昭和34（1959）年1月16日　撮影：荻原二郎

しがらきせん

信楽線（現・信楽高原鐵道）

路線DATA

起点：貴生川	
終点：信楽	
全通：1933（昭和8）年5月8日	
転換：1987（昭和62）年7月13日	
路線距離：14.8km	

陶芸の里を走った国鉄形車両

　JR草津線と近江鉄道本線が乗り入れる貴生川駅と、狸の置物等の陶器製造で知られる信楽を結ぶ信楽線。現在、第三セクター会社である信楽高原鐵道が運営する鉄路は、昭和初期に建設された元国鉄線だった。鉄道の建設構想が浮上したのは大正期に遡る。1922（大正11）年に草津線貴生川〜関西本線加茂間を結ぶ構想の下に立案された予定線が、建設線に繰り入れられた。建設工事は1929（昭和4）年から始まり、1933（昭和8）年5月8日に貴生川〜信楽間14.8kmが開業した。なお、同区間の開業直後に信楽〜加茂間は予定線に差し戻され、現在に至るまで建設の動きはない。

　建設半ばで営業を始めた信楽線だったが、第二次世界大戦下では不要不急路線とされ、1943（昭和18）年から1947（昭和22）年まで営業を休止した。

　また、1953年8月の集中豪雨では甚大な被害を受けた。その際、流出した第一大戸川橋梁は、鋼製の従来型からプレストレストコンクリート橋梁に架け替えられた。同橋は製造に予め応力を加えたコンクリートとPC鋼材を用いることで、従来のコンクリート柱よりも耐荷性に優れ、より長いスパンの橋を制作できる利点を備える。当時の新技術を駆使して架けられた橋は、2008（平成20）年に国の登録有形文化財となった。

　高度経済成長下の旅行ブームで、信楽は陶芸の里として人気を博した。その一方で沿線人口は少なく、国鉄再建法に基づく特定地方交通線第一次廃止対象に指定され、1981（昭和56）年に廃止が承認された。しかし、廃止決定を機に沿線自治体等を中心とした鉄道存続の声が高まり、国鉄線の受け皿として第三セクター会社、信楽高原鐵道が設立された。国鉄の分割民営化が現実のものとなった1987（昭和62）年。4月1日に路線は新会社JR西日本に継承された後、7月13日より信楽高原鐵道信楽線として再出発を図った。

　なお、貴生川〜加茂間を結ぶ鉄道計画の類似案として、信楽〜京田辺間に鉄道を新設し、近江鉄道本線、信楽線と合わせて米原〜京田辺間を鉄道で結ぶ、びわこ京阪奈線構想が検討されている。

草津線、信楽線、近江鉄道本線が乗り入れる貴生川駅。駅舎の出入り口付近には、近江鉄道の路線案内図と、同社の鉄道線、路線バスの時刻表が貼り出されていた。◎貴生川　1967（昭和42）年5月22日　撮影：荻原二郎

草津線から信楽線が分岐していた貴生川駅。ホームに建つ駅名票の隣駅表記は、草津線の甲南と信楽線の雲井駅が二段重ねで記載されていた。草津線電化前の構内は、広々とした様子だ。◎貴生川　1967（昭和42）年5月22日　撮影：荻原二郎

輝く塗装が初々しいキハ53形が、構内の西端部にあるホームで発車時刻を待っていた。二機関を備える近郊型の強力気動車が、沿線に33‰の急勾配が控える信楽線へいち早く投入された。◎貴生川　1967（昭和42）年5月22日　撮影：荻原二郎

信楽線でC11が活躍していた頃。41号機は当時、亀山機関区貴生川駐泊所の配置。1962（昭和37）年に新宮機関区へ転出し、後に山陰、南九州地区を渡り足り歩いた。蒸気機関車最末期の1975（昭和50）年に廃車された。
◎貴生川　1958（昭和33）年8月11日　撮影：荻原二郎

終点駅には、路線バスが留め置かれていた。タイヤには車輪止めが噛まされ、発車時刻まではしばらく間がある様子だ。バスの行先表示にある「朝宮」は、信楽の西隣に当たる日本茶の産地。現在はどちらも甲賀市内となる。
◎信楽　1972（昭和47）年10月1日　撮影：荻原二郎

旗を手にした駅長が出迎える終点駅に到着したキハ52形。旅客列車の気動車化が進んだ信楽線では、2機関を搭載した一般形車両が活躍。僅かな本数の列車を、一両の往復運用でこなしていた。
◎信楽　1972（昭和47）年10月1日　撮影：荻原二郎

一般庶民の間にも旅行という娯楽が、すっかり浸透した昭和末期。国鉄路線として廃止が決まった信楽線でも、焼き物の里の玄関口として、客を呼び込む企画が実施された。開通五十周年を宣伝する看板が駅前を見つめる。
◎信楽 1983（昭和58）年11月12日 撮影：荻原二郎

国鉄時代の末期には、キハ58形等の急行型気動車が、定期列車の運用に入っていた。終焉間近の閑散路線は、急行運用を追われたボックスシート車両にとって、第二の職場となっていた。◎信楽 1983（昭和58）年11月13日 撮影：荻原二郎

宮津線（現・京都丹後鉄道）

路線DATA

起点：西舞鶴

終点：豊岡

開業：1924（大正13）年4月12日

全通：1932（昭和7）年8月10日

転換：1990（平成2）年4月1日

路線距離：83.6km

由良川を渡り、景勝地天橋立へ

　明治期以降、海上防衛の拠点となった舞鶴と、野生のコウノトリが息づく豊岡を、東西に結ぶ宮津線。当初より官設鉄道として建設され、1924（大正13）年4月12日に舞鶴（現・西舞鶴）～宮津間が開業。当時の東雲（しののめ）～丹後由良間を流れる由良川には、長大な橋梁が架けられた。延伸工事は昭和期に至るまで続く。1929（昭和4）年12月15日に豊岡～久美浜間が峰豊（みねとよ）線として開業。1932

（昭和7）年8月10日に丹後木津～久美浜間が開業し、舞鶴～豊岡間が宮津線となった。

　沿線には日本三景の一つとして著名な天橋立があり、夏の海水浴期は観光客で賑わった宮津線。しかし中間部の沿線人口は少なく、昭和40年代に入って莫大な赤字を抱えていた旧国鉄の再建案の一つとして提示された、特定地方交通線で第三次廃止対象に挙げられた。路線が国鉄の分割民営化でJR西日本に継承される中、存廃が議論されて宮津と福知山を結ぶ宮福線を運営していた第三セクター会社の宮福鉄道へ移管され、鉄道は存続する運びとなった。

　1990（平成2）年3月31日を以ってJR宮津線は廃止。翌日より宮津線の譲渡に備えて宮福鉄道から社名を変えた、北近畿タンゴ鉄道の路線として再出発を図った。

　第三セクター化に伴い新型車両KTR001形を充当した、京都発着で同路線へ乗り入れる特急「タンゴエクスプローラー」を運転した。「タンゴエクスプローラー」は後に、新大阪～豊岡間を宮津線経由で

「東雲」と書いて「しののめ」と読む。難読駅の一つだが、同名で同じ読みとなる鉄道駅が、東京高速臨海鉄道りんかい線にもある。かつて、北海道の石北本線にも東雲駅が存在した。こちらの読みは「とううん」だった。
◎東雲　1963（昭和38）年8月25日　撮影：荻原二郎

運転する列車となった。また1996（平成8）年には宮津〜天橋立間が電化され、JRの特急「はしだて」「文殊」が、同時に電化された宮福線経由で入線した。

　斬新な企画、列車等で業績の向上を図った北近畿タンゴ鉄道だったが、経営は低迷を続けた。その打開策として、同社は事業運営と施設等を所有する会社を別にした上下分離方式による、鉄道事業の再構築に踏み切る。大阪に本社を持つ旅行代理店WILLER ALLIANCE（現・WILLER）の子会社である、WILLER TRAINSへ鉄道事業の運営を2015（平成27）年に移譲した。WILLER TRAINSは、京都丹後鉄道の名で運行事業を行う第二種鉄道事業者。北近畿タンゴ鉄道は、鉄道施設を持つ第三種鉄道事業者となった。再構築計画の完了は2024（令和6）年度が期限だ。

大阪〜城崎（現・城崎温泉）間の準急「丹波」。福知山線初の準急は1960（昭和35）年に登場。東海道本線、福知山線内を通常は6両編成で運転し、福知山で山陰本線和田山経由と舞鶴、宮津線を経由する編成を3両ずつに分割した。
◎宮津　1963（昭和38）年7月23日
撮影：牛島 完（RGG）

宮津線沿線の主要都市である宮津市。市街地は天橋立の東側にある。宮津は国鉄時代より優等列車の停車駅であり、隣駅の天橋立と共に市内の二駅に急行が続けて停車した。◎宮津　1973（昭和48）年11月26日　撮影：荻原二郎

軒先に提灯が下がり、有名観光地の最寄り駅らしい佇まいだった旧天橋立駅舎。建物の左手に建つのは、駅から徒歩5分ほどの海岸にある「智恵の輪灯篭」の模型。その傍らには灯篭の由来等を記した立札がある。
◎天橋立　1973（昭和48）年11月26日　撮影：荻原二郎

天橋立を見下ろす文殊山の麓に開設され天橋立駅に、準急「丹波」が入って来た。国鉄時代の優等列車には多くの場合、二等車が連結されていた。先頭車は二等三等合造の準急型気動車キロハ25形だった。
◎天橋立　1963（昭和38）年8月25日　撮影：荻原二郎

夏休みに入る最初の日曜日。昼下がりの天橋立駅は列車待ちのお客で賑わっていた。混雑する駅舎内の待合室を避けて、ホームに置かれた椅子に腰掛ける人も多かった。◎天橋立　1960（昭和35）7月24日　撮影：荻原二郎

観光地天橋立の玄関口らしく、駅前には背の高い石灯篭が建ち、観光客を出迎える。天橋立駅近くの海岸には、文殊水道（天橋立運河）を行き交う船の目印であったといわれる、「智恵の輪灯篭」が現在も建つ。
◎天橋立　1960（昭和35）年7月24日　撮影：荻原二郎

海水浴客を乗せた臨時列車が、景勝地の最寄り駅に到着した。第三セクター化した後も、丹後地方を観光する際の貴重な足となっている。◎天橋立　1960（昭和35）7月24日　撮影：荻原二郎

蒸気機関車の引退を間近に控えて運転された臨時列車。貨物列車の牽引等で活躍した9600形が先頭に立ち、後ろに旧型客車が続く。寝台車やグリーン車が組み込まれた特別編成だった。
◎宮津〜天橋立　1970（昭和45）年10月25日　撮影：荒川好夫（RGG）

宮津線をはじめ、舞鶴周辺の国鉄路線では、中型機C58が活躍した。機関車の次位に連結された旧型客車は、郵便荷物合造車のオハユニ61。列車の手前には、ホームの中ほどに渡り板を敷いた、手前に簡易な構内踏切が見える。
◎丹後山田　1963（昭和38）年7月　撮影：牛島 完（RGG）

昭和40年代には、多くの途中駅で貨物扱いが行われていた。貨車の増結等、入替え作業があるのだろうか。機関車の陰から手旗を携えた駅職員が、ホームの端に向かって走り出した。◎峰山　1973（昭和48）年8月4日　撮影：荒川好夫（RGG）

真夏の駅を力強く発車したC58牽引の貨物列車。写真の左手には丹後山田と加悦を結んでいた加悦鉄道の構内がある。ホームでは、機械式の旧型気動車が客待ち顔の様子だ。
◎丹後山田　1969（昭和44）年8月4日　撮影：岩堀春夫（RGG）

北条線（現・北条鉄道）

路線DATA

起点：粟生

終点：北条町

全通：1915（大正4）年3月3日

転換：1985（昭和60）年4月1日

路線距離：13.8km

唯一、営業を続ける加古川線の支線

　加古川線、神戸電鉄粟生線が乗り入れる地域の拠点駅粟生と、西に隣接する加西市内の北条を結ぶ北条線。建設は路線の起点である粟生駅が属する、加古川線と同様に播州鉄道が行った。加古川線の基となった西脇までの路線と、後に鍛冶屋線の分岐駅となった野村（現・西脇市）が開業してから、およそ2年後の1915（大正4）年3月3日。粟生〜北条町間13.7kmが開業した。当初に開設された途中駅は網引、法華口、長だった。

　なお、同路線が開業した後の1922（大正11）年に公布された鉄道敷設法の新法に、「兵庫県谷川ヨリ西脇、北条ヲ経テ姫路附近ニ至ル鉄道」が建設予定の路線として掲載された。しかし、北条町〜姫路間の鉄道建設は未だ実現に至らず、法律自体が旧国鉄の分割民営化が実施された1987（昭和62）年に廃止された。

　粟生〜北条町間の路線は、加古川線等と共に1923（大正12）年、播丹鉄道へ譲渡された。また、第二次世界大戦下で国有化された経緯も、他の播丹鉄道路線と同様である。国有化で同区間が北条線となった。

　旧国鉄期における北条線の列車運用は、三木、鍛冶屋線と異なり、路線内の往復運用が主体だった。例外として朝の通勤通学時間帯に、北条町行きの1本と上り列車2本、夕刻に下り列車1本が、加古川との間を直通運転していた。

　終点の北条町は加西市の市街地にあり、生活路線としての需要が見込まれた北条線だったが、同市は南西方に隣接する姫路市との繋がりが深く、沿線人口は多くなかった。加えて昭和40年代に入ると自家用車が台頭し、鉄道の利用者は減少していった。1974（昭和49）年には貨物列車が廃止され、その後に特定地方交通線第一次廃止対象に加えられた。

　国鉄路線として廃止が決定された後、第三セクター方式で鉄道を存続させる意向を沿線自治体等が発表し、路線の受け皿として兵庫県、加西市等が出資した北条鉄道が設立された。国鉄路線は新会社が設立された翌年の1985（昭和60）年3月31日に廃止され、翌4月1日から北条鉄道北条線として再出発を図った。2001（平成13）年には北条町駅が従来の構内より100m南へ移転した。現在の列車は平日21往復、土日祝日17往復の運転で、運転区間は路線内のみとなっている。

折からの雨でホームは鏡のようになっていた。合理化策で廃止となった貨物、小荷物の扱いも当時は健在。旅客ホームの向かい側には大柄な倉庫が建ち、貨物ホームに沿って線路が敷かれていた。
◎北条町　1963（昭和38）年3月10日　撮影：荻原二郎

出入口上に掲げられた駅名板は、重厚な雰囲気を醸し出していた。北条線の終点駅がある北条地区は住吉神社等の門前町として古くから栄えた。現在も加西市随一の繁華街である。◎北条町　1963（昭和38）年3月10日　撮影：荻原二郎

三木線

路線DATA

起点：厄神

終点：三木

開通：1916（大正5）年11月22日

全通：1917（大正6）年1月23日

転換：1985（昭和60）年4月1日（三木鉄道）

廃止：2008（平成20）年4月1日

路線距離：6.6km

金物の町へ向かった短路線

　加古川線の厄神から分岐して、金物、刃物の製造で栄えた三木市まで延びていた三木線。現在の加古川線で一部区間に相当する、加古川町～野村（現・西脇市）間の路線を営業していた播州鉄道が、厄神～別所間5.31kmを1916（大正5）年11月22日に開業した。新路線の開業に伴い、国包駅は厄神駅と改称。別所以東の建設工事も引き続き行われ、翌年には別所～三木間が延伸されて全線が開業した。しかし、大正後期に播州鉄道の路線は播丹鉄道へ譲渡され、厄神～三木間も同社の路線となった。さらに第二次世界大戦下で、国策として民間鉄道の国有化が進められると、播丹鉄道の路線は全て国有化され、同路線は三木線になった。

　線内で運転する列車の多くは、加古川線を経由して加古川へ直通していた。ところが地域における人の行き来は、隣接する神戸方面が盛んで、市内を通る神戸電鉄粟生線に客足は流れた。また、主に三木で生産される金物や農産物を輸送していた貨物列車は、昭和40年代に入って自動車の台頭による輸送量の減少が顕著になり、1974（昭和49）年に廃止された。それに追い打ちをかけるかのように、赤字財政が続く旧国鉄を再建すべく、廃止を前提とした不採算路線を選別する、特定地方交通線第一次廃止対象

に指定された。

　沿線自治体等では、廃止の宣告を受けた鉄道の存続が検討され、国鉄路線の受け皿として三木市、兵庫県等が出資した第三セクター会社の三木鉄道が設立された。1985（昭和60）年3月31日に国鉄三木線は廃止となり、翌日から新会社による運営が始まった。第三セクター鉄道の中では、2002（平成14）年に芝山鉄道が開業するまで、日本一短い路線であった。しかし第三セクター化後も客足は減少し、瀕死の鉄道を支えた行政や世論は、再び廃止へ舵を切った。新たな門出から二十余年を経て、2008（平成20）年4月1日を以って路線は廃止。会社は解散して清算業務に移った。

　三木市内の一部廃線跡は遊歩道、自転車道の「別所ゆめ街道」として整備された。また、三木駅跡には老朽化した駅舎棟は取り壊され、駅舎風の構造物が建てられた。その一方で厄神の界隈等、加古川市内の廃線跡は駅施設や線路等が撤去されたものの、廃止時の状態が残っている。

ホーム1面1線ながら、側線が残る構内はゆったりとした雰囲気だった三木駅。折り返し列車のしんがりに控えるキハ20は、運転席の側にタブレットキャッチャーを装着していた。普通列車の運用では、もはや使わない装備だ。
◎三木　1981（昭和56）年4月16日　撮影：野口昭雄

腕木式信号機の傍らをすり抜けて、キハ35がやって来た。朱色5号の一色塗装に、シールドビーム二灯の前照灯は末期のいで立ち。しかし、前面補強の改造は実施されていない様子で、すっきりとした顔立ちだ。
◎厄神　1981（昭和56）年4月18日　撮影：野口昭雄

山陰本線旧線区間
（嵯峨～馬堀：現・嵯峨野観光鉄道）

観光鉄道として再生した旧線区間

京都～幡生間678.3kmにおよぶ長大路線の山陰本線。起点の京都では、京都～舞鶴間の鉄道建設を目指して1895（明治28）年に創立された京都鉄道が、1897（明治30）年2月15日に二条～嵯峨間を開業したのを皮切りとして、同年中に日本政府直轄の鉄道であった東海道本線の京都駅まで乗り入れた。しかし、京都市街地より西側へ線路を延ばすには、蛇行する桂川（保津川）がつくり出した、急峻な谷間を克服せねばならなかった。川沿いの狭小地に線路を敷設し、トンネルの削掘、架橋を伴う難工事の末、1899（明治32）年8月15日に嵯峨～園部間が延伸開業した。京都～園部間は1907（明治40）年に国有化され、国有鉄道鉄道線路名称制定時に京都線とされた。その後、園部～綾部間が延伸開業し、既存の路線だった福知山～綾部～新舞鶴（現・東舞鶴）間を結ぶ阪鶴線と線路が繋がる。さらに1911（明治44）年には播但線として建設された、城崎～香住間が延伸開業した。また播但線の支線扱いであった和田山～福知山間も同年に開業して京都府、兵庫県下を通る山陰本線の輪郭が形成された。その後も日本海沿いの鉄路は延伸を続けた。ところが日露戦争の激化等による、建設事業の休止期間を挟み、全線が開業したのは1933（昭和8）年2月24日だった。最後の延伸区間は山口県下の須佐～宇田郷間。

時は流れ、1986（昭和61）年に福知山～城崎間が電化された。同時期に京都口の電化も計画され、嵯峨～馬堀間は複線化されることになった。そして、JR西日本発足後の1989（平成元）年3月5日に、同区間は新線に切り替わった。トンネル等、線路周り

大屋根が荘厳な雰囲気を湛える嵯峨旧駅舎。1897（明治30）年に京都鉄道が開業した際に、終点駅として開設された。開業時の駅舎が、橋上駅舎化される前年まで、現役施設として使用されてきた。
◎嵯峨　1961（昭和36）年5月1日　撮影：荻原二郎

の施設は電化に対応する仕様だ。また、保津峡、馬堀の両駅は、新線上に移転した。

　新線に移行後、旧線区間は廃線にならなかった。渓流を望む車窓風景を利用した、観光鉄道が企画されていたからだ。新線切り替え翌年の1990（平成2）年にJR西日本の完全子会社として嵯峨野観光鉄道が設立され、翌年4月27日より嵯峨野観光線として、トロッコ風列車の運転を始めた。新路線化に伴い、嵯峨駅に隣接してトロッコ嵯峨駅が開業。旧保津峡駅はトロッコ保津峡駅となった。また、トロッコ嵐山駅、トロッコ亀岡駅が新設された。

嵐山観光の鉄道玄関口である嵯峨駅。昭和30年代。ホームの上屋から吊り下げられた駅名票の表記は、ひらがな二文字の間に漢字表記が収まる、少し個性的な文字配置だった。
◎嵯峨　1961（昭和36）年5月1日
撮影：荻原二郎

ディーゼル機関車による、無煙化が進んだ山陰本線。西ドイツ（現・ドイツ）MAN社との技術提携で日立、川崎重工が製造したV型12気筒機関を搭載した500番台のDF50が客車をけん引して川路をやって来た。
◎保津峡〜馬堀　1976（昭和51）年8月8日　撮影：岩堀春夫（RGG）

保津川に架かるトラス橋梁は、1927（昭和2）年竣工の二代目。桂川沿いの区間を含む嵯峨〜園部間の開業は明治期であり、
橋の取り付け分には弧を描く補強部等、鉄道黎明期の施設らしい優雅な仕様が見られる。
◎嵯峨〜保津峡　1960（昭和35）年9月22日　撮影：伊藤威信（RGG）

福知山線旧線区間
（生瀬〜道場）

風光明媚な旧線区間は
手軽なハイキングコースに

　尼崎から三田に至る区間は大阪等への通勤圏として、旅客需要が高まっていた。路線の複線化、電化を推進すべく、宝塚〜三田間が1986（昭和61）年8月1日に複線の新線へ切り替わった。それに伴い、武庫川の渓谷沿いに線路が敷かれていた生瀬〜武田尾〜道場間の経路は大幅に変更された。旧武田尾駅界隈の廃線跡は現在、一部が遊歩道として整備されており、武庫川の渓谷美を愛でながら高低差のないコースを歩ける。